JN056867

旅行契約の実務

———— 基礎から紛争解決まで

written by Suzuki Yasuhisa

弁護士

鈴木尉久

著

発行 民事法研究会

はしがき

　旅行は、時間とお金と健康の三つが揃わないと出かけることができない究極の贅沢です。旅行は、事前の計画どおりには進まないのが当たり前であり、それがまた旅の醍醐味でもあるわけですが、それでも何らかのトラブルで旅行が中断してしまったり、出発できなかったりした場合には、旅行業者との間で紛争が生じることがあります。

　法律的な紛争については、裁判所で法的判断が下されて解決するのが本来のあり方ですが、旅行トラブルについては、係争対象となる金額が少額であることも一因となって、訴訟になることは比較的稀です。旅行トラブルは、ほとんどが、各地の消費生活センターが実施する消費生活相談において対応がなされている実情にあります。

　このように訴訟件数が少ないことに起因して、弁護士や裁判官の大部分は、旅行契約については取り扱ったことがなく、基本的な知識を保有していないといっても過言ではないでしょう。また、消費生活相談員においても、旅行契約について一から説明をする体系的な教科書がなく、正確な知識の習得に困難がある状況です。

　筆者は、兵庫県弁護士会の弁護士として長年消費者保護委員会に所属し、主としてクレジット契約・複合契約論や約款論を専門に研鑽を積んできましたが、旅行契約が複合契約の一つであり、約款によって規律されていることから興味をもつようになりました。兵庫県弁護士会（当時の神戸弁護士会）が「旅行業約款改正に関する意見書」（平成3年3月）を公表し、旅行分野への関心を払ってきた伝統があったこともあり、旅行契約についても研究を重ねてきました。その集大成として、本書を上梓するものです。

　本書は、旅行契約について解説した基本書です。

　本書の特徴は、次のとおりです。

①　旅行契約に関する基本書です。

　　　本書は、旅行契約について体系的に解説した教科書であり、旅行契約についての初学者が学習するべき内容が説明されています。

② 実務的な書籍です。

　旅行契約をめぐる紛争についての実務的な解決指針を示す内容であり、旅行契約に関する主要な判例も引用しています。

③ 消費者保護の立場から解説した書籍です。

　法的紛争に直面した旅行者が、消費者の立場でどのようなことを主張立証すればよいのかを明らかにしており、消費者契約法、景品表示法等の消費者保護法の要点についても触れています。

④ 理論的根拠を踏まえた書籍です。

　令和2年（2020年）4月1日施行の改正民法（債権関係）の観点から標準旅行業約款についての解釈論を展開しており、法律実務家が民法との関係を理解しやすい内容となっています。

⑤ 体系的な記述の書籍です。

　旅行業法や標準旅行業約款の単なる逐条解説ではなく、体系的な記述となっており、この一冊で網羅的に旅行契約に関する争点を把握できることをめざしています。

　本書の読者として主として想定しているのは、旅行契約の問題に初めて取り組む法律実務家（弁護士、裁判官）や、より深く勉強をしたいと考えておられる消費生活相談員ですが、旅行トラブルに直面して弁護士に依頼せずに訴訟を提起しようとしている消費者にもお役に立てると考えます。

　本書は、兵庫県弁護士会消費者保護委員会編『旅行のトラブル相談Q&A』（民事法研究会・2016年）および兵庫県弁護士会消費者保護委員会編『旅行判例セレクション』（民事法研究会・近刊）を踏まえたものであり、兵庫県弁護士会消費者保護委員会の旅行部会の先生方の深い知見と的確な問題分析によるご指導に深く感謝する次第です。また、本書の刊行にあたっては、南伸太郎氏をはじめとする民事法研究会の方々に多大のご尽力を賜りました。この場を借りて御礼申し上げます。

　令和3年3月

弁護士　鈴木　尉久

『旅行契約の実務』

◎**目　　次**◎

第2章　募集型企画旅行契約

◆第 4 ◆募集型企画旅行契約における旅行業者の債務と責任 ···················· 101

◆第5◆募集型企画旅行契約における旅行者の義務

第3章　受注型企画旅行契約

◆第1◆総　論

第4章　手配旅行契約

◆第1◆総　論 ··· *200*

第 5 章　旅行のインターネット取引

第6章　留学あっせん

◎凡　　例◎

〔旅行業に関する約款〕

募集型約款　　　　旅行業約款／募集型企画旅行契約の部
受注型約款　　　　旅行業約款／受注型企画旅行契約の部
手配約款　　　　　旅行業約款／手配旅行契約の部
特別補償規程　　　標準旅行業約款／特別補償規程（別紙）

〔法　　令〕

特定商取引法　　　特定商取引に関する法律
景品表示法　　　　不当景品類及び不当表示防止法
電子消費者契約法　電子消費者契約に関する民法の特例に関する法律
通則法　　　　　　法の適用に関する通則法
契約規則　　　　　旅行業者等が旅行者と締結する契約等に関する規
　　　　　　　　　則

〔判例集・文献〕

民集　　　　　　　最高裁判所民事判例集
集民　　　　　　　最高裁判所裁判集民事
集刑　　　　　　　最高裁判所裁判集刑事
交民集　　　　　　交通事故民事裁判例集
裁判所 HP　　　　最高裁判所ホームページ「裁判例情報」
判時　　　　　　　判例時報
判タ　　　　　　　判例タイムズ
判例秘書　　　　　判例秘書 INTERNET
WLJ　　　　　　　Westlaw Japan
ひょうご消費者ネット HP　適格消費者団体ひょうご消費者ネット
　　　　　　　　　　ホームページ
法律時報　　　　　法時
法学教室　　　　　法教

第1章
旅行契約を支える制度

第1　旅行契約

1　旅行契約とは

　旅行契約とは、当事者の一方（旅行業者）が、「旅行」を実現するための役務を提供することを約し、他方の当事者（旅行者）がこれに対価を支払う契約である。

　旅行とは、人が、観光や帰省等の私生活上の目的または出張等の職業上の目的など一定の目的のもとに、現居住地から目的地に移動し、再び短期間で現居住地に戻る行為をいう。

　旅行契約において、旅行を実現するための役務には、さまざまなものがありうるが、その中でも中心となるのは、旅客運送または宿泊のサービスであり、旅客運送と宿泊の両者が組み合わされて提供されるのが基本形態である。わが国において、標準旅行業約款上の旅行契約というためには、少なくとも旅客運送と宿泊のいずれかの一方のサービスの提供をすることを要する。

1　旅行者の概念には、受注型 BtoB 約款を想定すれば明らかなとおり、厳密には、「旅行契約者」と「旅行参加者」があるが、通常はその両者は同一人である。また、「旅行参加者」については自然人が想定されているが、必ずしも消費者であるとは限らず、個人事業者のこともある。「旅行契約者」は、法人の場合もありうる。
2　現居住地以外の場所から出発し帰着する場合（たとえばランドオンリーの場合等）もありうるが、現居住地からその出発地・帰着地へ移動することも含めて「旅行」であると考えれば足りる。また、出発地と帰着地が一致しない場合は、消費者が日常的に行うものとはいえないため、ここでは想定しない。

　旅行契約においては、実際に旅行を実現するための役務を提供するのは、通例は契約当事者たる旅行業者自身ではなく、運送機関または宿泊施設など契約外の第三者である。旅行業者は、運送機関または宿泊施設など契約外の第三者が提供する運送、宿泊その他の旅行に関するサービスの提供を受けることができるように、「手配」する債務を負う。

　手配とは、旅行業者が、旅行者に対し、運送・宿泊等の旅行サービスを、正当に受領することのできる地位を取得させることをいう。典型的には、旅行者を、運送機関・宿泊施設等との間の旅行サービス提供契約における債権者の地位に付けることである。

2　旅行契約の特徴

(1)　役務提供契約としての特徴

　役務（サービス）とは、提供者により与えられる労務・便益をいい、役務提供契約とは、役務の提供が債務内容の全部または一部をなす契約をいう。役務提供契約には、①役務の不可視性・無形性（内容の特定困難、品質表示・品質評価の困難）、②即時消費性（貯蔵不可能性、復元返還の困難性、同時履行の困難性）、③人的依存性（提供者の技能能力、受給者の協力に給付内容が依存）といった特徴がある。[4]

　役務提供契約においては、役務の不可視性・無形性という特徴のため、主たる給付義務の確定のためには、事業者が旅行者に対して、事前にサービス内容の説明義務・表示義務を負担することになる。

　この説明義務・表示義務は、何を対象に契約をするのかを明らかにするものであって、単なる付随義務ではなく、契約の成否にかかわる本来

3　これに対し、平成 2 年（1990年） 6 月13日の「EC パック旅行指令」は、旅客運送と宿泊の組合せを主催旅行の要件としている（高橋弘「ドイツにおける EC パック旅行指令の改正問題の一斑(1)」廣島法學37巻 1 号（2013年）41頁以下）。

4　川端敏朗「サービス契約の多様化と消費者保護」早稲田法学74巻 3 号（1999年）261頁。

的な義務である。

　役務提供契約において、契約目的たる役務の質・内容に関する情報は、契約内容そのものに関する情報であり、これについて不適切な情報提供がなされた場合、その情報提供義務違反に対しては、相手方が合理的に期待し信頼した質・内容の契約上の債務が発生することがある。

　役務提供契約の場合、目的達成が契約内容となっている結果債務の場合には目的不達成が直ちに債務不履行を構成するが、目的達成をめざすことが契約内容となっているにすぎない手段債務の場合には、債務者は善管注意義務を負担するのみであり、民法401条1項類推により中等の品質のサービス提供義務を負うこととなり、一般的には契約の趣旨に合致した合理的な注意と技術をもって適時にサービスが提供されなければならないとしても、その不履行の有無は判断が難しい。

　また、役務提供契約の場合には、その債務不履行の態様には、①給付義務の不履行がある場合と、②給付義務の不履行はないが保護義務違反があり、債権者の生命・身体・財産といった完全性利益が侵害される場合に大別されると考えられており[5]、標準旅行業約款において、頻出する「旅行の安全かつ円滑な実施」という語句[6]は、「旅行の円滑な実施」の部分が上記①の給付義務の履行に、「旅行の安全な実施」の部分が上記②の保護義務の履行に、それぞれ対応していると理解することができる。

(2)　複合契約としての特徴

　現代社会においては、複数の事業者が相互に提携して消費者に対して商品・役務を提供する現象がみられる。このような場合の複数の契約関係あるいは複数の事業者の提携関係を、「複合契約」と呼び[7]、各関係が

5　長坂純「役務提供者責任の基本構造」法律論叢（明治大学法律研究所）78巻1号（2005年）63頁以下。
6　たとえば、募集型約款では、13条・16条2項3号・17条1項7号・18条1項2号・23条・24条に「旅行の安全かつ円滑な実施」という語句が用いられている。

相互に独立したものではなく、双方向的に影響を与えることや全体として一体的に取り扱われることを承認するべきであると考えられるようになってきている。

　旅行契約においては、多数の消費者が旅行業者と取引をするとともに、旅行業者も複数の運送機関・宿泊施設等の旅行サービス提供業者と取引をしており、旅行業者は、消費者と旅行サービス提供業者を結ぶプラットフォーム事業者としての役割を果たしている。

　旅行契約は、旅行業者を窓口として、複数の運送機関・宿泊施設等の旅行サービス提供業者の提供するサービスを統合して提供しているという意味で、複合契約の一種である。

7　複合契約の定義については確立したものがあるわけではないが、二当事者またはそれ以上の者の間で、複数の契約が結ばれ併存する取引を指すと考えてよい（都筑満雄『複合取引の法的構造』（成文堂・2007年）9 頁）。

8　河上正二「複合給付・複合的契約および多数当事者の契約関係」法教172号（1995年）54頁では、主催旅行契約は、「亀の甲型」の契約連鎖であり、一つの窓口となる事業者の背後に複合的給付の一部を分担して提供すべき複数の事業者が控えている場合であるとされ、一つの課題を達成するために、さまざまな給付が人為的に設計・結合されて統合体としての目的物を形成していると指摘されている。

9　プラットフォーム事業者とは、供給側と需要側の相互間の商取引の成立に寄与し、取引の基盤環境を提供する事業者をいう。中田邦博「消費者始点からみたデジタルプラットフォーム事業者の法的責任」現代消費者法48号（2020年）32頁は、「PF 事業者を取引契約の相手方としての法的地位に立たせる考え方には、いわゆる主催旅行契約における旅行業者の立場に近い特殊な保障責任を負うとの理解が参考になる」としている。

第2　旅行業法

1　旅行業法の目的

　旅行業法は、旅行業等を営む者について登録制度を実施し、あわせて旅行業等を営む者の業務の適正な運営を確保するとともに、その組織する団体の適正な活動を促進することにより、旅行業務に関する取引の公正の維持、旅行の安全の確保および旅行者の利便の増進を図ることを目的としている（旅行業法1条）。

　旅行業法の目的は、①旅行業務に関する取引の公正の維持、②旅行の安全の確保、③旅行者の利便の増進であり、この3つの目的は個々独立にあるものではなく三位一体をなすものと理解される。[10]

　以上のとおり、旅行業法は消費者保護法としての性格を有している。

　旅行業法上の消費者保護規制としては、営業保証金の供託義務（旅行業法7条）、旅行業務取扱管理者の選任義務（旅行業法11条の2）、旅行業約款の策定義務および認可制度（旅行業法12条の2）、取引条件の説明義務・書面交付義務（旅行業法12条の4）、契約書面の交付義務（旅行業法12条の5）、旅程管理債務（旅行業法12条の10）といったものがある。

2　旅行業法の規定内容

　旅行業法は、①旅行業者等の登録制度、②営業保証金制度、③旅行業

10　三浦雅生『改正・旅行業法解説』（自由国民社・2006年）29頁。

務取扱管理者制度、④旅行業務の公正の確保のための各種規制、⑤旅行業協会制度について規定している。

なお、旅行業法に基づく主な法令として、旅行業法施行令、旅行業法施行規則、旅行業者等が旅行者と締結する契約等に関する規則、旅行業者営業保証金規則・旅行業協会弁済業務保証金規則がある。

このほか、旅行業法施行要領があるが、これは旅行業法の運用に関する観光庁の通達にすぎず、そこに示された見解は、裁判所の判断を拘束する法源ではない。

3　旅行業法の沿革

旅行業法は、今日まで改正を重ねてきているが、その主要な改正の経緯は、次のとおりである。[11]

(1) 昭和27年（1952年）成立

昭和27年（1952年）、旅行業法は、「旅行あつ旋業法」として成立した。旅行あつ旋業法は、外国人観光客の保護のために、悪質な旅行業者の取締りをすることを目的としていた。

(2) 昭和31年（1956年）改正

昭和31年（1956年）改正では、旅行あっ旋業者に対して、約款を定めて運輸大臣へ届けることを義務付けた。

(3) 昭和46年（1971年）改正

昭和46年（1971年）には、法律名が「旅行業法」と改められ、以下のような改正がなされた。

① 旅行業の登録種別を一般旅行業、国内旅行業、旅行業代理店業の
　　3種とする

11　その詳細については、宮川不可止「企画旅行契約における旅行業者の責任」京都学園法学3号（2006年）247頁、香取幸一「旅行業法と規制緩和に関する一考察」玉川大学経営学部紀要19号（2012年）1頁等を参照。

② 旅行業務取扱主任者制度を設ける

③ 旅行業約款の認可制を新設する

④ 取引態様の明示、旅行サービスの内容の説明義務、書面の交付等の取引の公正を確保するための規定を設ける

⑤ 旅行業協会制度を設ける

(4) 昭和57年（1982年）改正

昭和57年（1982年）改正では、主催旅行（現行の募集型企画旅行）が定義され、標準旅行約款制度（特別補償が規定されている）を導入するとともに、旅程管理責任が明示された。

(5) 平成7年（1995年）改正

平成7年（1995年）には、以下のような改正がなされた。

① 登録の種別を「旅行業」と「旅行業者代理業」の二つとし、旅行業者については、取り扱う業務内容によって、第一種、第二種、第三種の区別を設ける

② 営業保証金の額は、前事業年度の旅行業務に関する旅行者との取引額に応じて決定されるものとし、旅行者が優先して還付を受けられることとする

③ 旅行者に対し、書面により取引条件の説明を行うこととするとともに、主催旅行について旅程保証制度を導入し、旅行者に誤認を与えるような広告を排除するため、旅行業者に適切な表示を義務付ける

(6) 平成16年（2004年）改正

平成16年（2004年）には、以下のような改正がなされた。

① 旅行契約の態様を変更し、主催旅行に代わるものとして「企画旅行」を新設し、企画旅行契約について旅行業者は旅程管理義務を負うものとした

② 「旅行業務取扱主任者」の名称を「旅行業務取扱管理者」に変更

し、職務範囲を拡大した

③　営業保証金および弁済業務保証金制度を見直し、旅行者に限定した還付を行うこととした

(7)　平成29年（2017年）改正

平成29年（2017年）改正では、訪日外国人旅行者の増加に伴い、旅行サービス手配業の登録制を創設し、旅行サービス手配業務取扱管理者の選任、書面の交付等を義務付け、悪質な旅行サービス手配業者に対する業務改善命令、登録取消しの制度を設けた。

また、地域に限定した知識のみで取得可能な地域限定の旅行業務取扱管理者の資格制度を創設するとともに、１名の旅行業務取扱管理者による複数営業所兼務を解禁した。

4　旅行業の概念

(1)　総　論

旅行業とは、報酬を得て、旅行業務を行う事業をいう（旅行業法2条1項）[12]（旅行業務につき〔表1〕参照）。

旅行業務には、旅行者に対して、運送または宿泊のサービスを手配するもの（基本的旅行業務）と、これに付随して運送または宿泊のサービス以外のサービス（たとえば、レストラン利用や観光施設入場等）を手配するもの（付随的旅行業務）がある（旅行業法2条1項）。

なお、現行の旅行契約においては、旅行業法2条1項5号に規定され

---

[12] 旅行業法施行要領第一・1の1項によれば、「法第2条第1項各号に掲げる行為を行うにあたり、当該行為が旅行業に該当するかは、旅行業務に関する対価の設定、募集の範囲、日常的に反復継続して実施されるものであること等を踏まえ、総合的な判断を要するものである」とされている。このため、たとえば、国、地方公共団体または公的団体が実施する公的事業等として行われる旅行の募集は、営利性、募集の不特定多数性、反復継続性がないとして、旅行業には該当しないことが多いと考えられる。

ている、「他人の経営する運送機関又は宿泊施設を利用して、旅行者に対して運送等サービスを提供する行為」の形態は存在していない。[13]

〔表1〕　旅行業務（旅行業法2条1項）

旅行の種類	付随性の有無	業務内容	条文（旅行業法2条1項）
企画旅行	基本的旅行業務	旅行計画を作成するとともに、当該計画に定める運送または宿泊のサービス提供契約を、自己の計算において、提供業者との間で締結する行為	1号
	付随的旅行業務	基本的旅行業務に付随して、運送および宿泊のサービス以外の旅行に関するサービス提供契約（レストラン利用、観光施設入場等）を、自己の計算において、提供業者との間で締結する行為	2号
手配旅行	基本的旅行業務	旅行者のため、あるいは、サービス提供業者のため、旅行者に対する運送または宿泊のサービスの提供につき、代理して契約を締結し、媒介をし、または取次をする行為	3号 4号
	付随的旅行業務	基本的旅行業務に付随して、旅行者のため、あるいは、サービス提供業者のため、旅行者に対する運送および宿泊のサービス以外の旅行に関するサービスの提供につき、代理して契約を締結し、媒介をし、または取次をする行為	6号 7号
その他便宜提供	付随的旅行業務	基本的旅行業務に付随して、添乗業務や渡航手続（旅券・査証の取得）その他旅行者の便宜となるサービスを提供する行為	8号
相談業務		旅行に関する相談に応ずる行為	9号

13　廣岡裕一『旅行取引論』（晃洋書房・2007年）6頁。

⑵　旅行業に該当しないもの

旅行業に該当しないものとして、以下のようなものがある。

① もっぱら運送サービスを提供する者のため、旅行者に対する運送サービスの提供について、代理して契約を締結する行為（旅行業法2条1項柱書かっこ書により明文で除外。たとえば、航空運送代理店、バスの回数券販売所等）

② 運送・宿泊以外のサービスのみを手配する行為（たとえば、イベント・スポーツ観戦等の入場券販売をするプレイガイド、動物園を歩いて観光する日帰りツアー）

③ 運送・宿泊事業者がみずから行う運送・宿泊サービスの提供（たとえば、バス会社の行う日帰りバスツアー、旅館の行うゴルフパック）

④ 旅行者と直接取引をしないもの（たとえば、ランドオペレーター（旅行業者の依頼を受けて、ホテル・レストラン・ガイド等の現地手配を行う専門の業者）、添乗員派遣会社（パッケージ旅行に同行し、旅行中の旅行者の案内や安全管理等の添乗業務を実施する添乗員を派遣する業者））

5　旅行業における登録制度

⑴　旅行業者

旅行業を行うには、旅行業法に基づき、登録を受ける必要がある（旅行業法3条）（旅行業等の登録につき〔表2〕参照）。無登録で旅行業を行うと、1年以下の懲役もしくは100万円以下の罰またはその両方が科せられるので（旅行業法74条1号）、これは実質的な許可制である。なお、旅行業者の登録制度については、憲法22条1項に違反するものでないとされている（最判平成27・12・7集刑318号163頁）。

旅行業者等は、業務の範囲により、第一種旅行業者、第二種旅行業者、第三種旅行業者、旅行業者代理業者に区分される。

〔表2〕　旅行業等の登録制度

		登録行政庁	業務範囲				登録要件		
			企画旅行		受注型	手配旅行	最低営業保証金（※2）	最低基準資産額	旅行業務取扱管理者の選任
			募集型						
			海外	国内					
旅行業者	第一種	観光庁長官	○	○	○	○	7000万	3000万	必要
	第二種	都道府県知事	×	○	○	○	1100万	700万	必要
	第三種	都道府県知事	×	△（※1）	○	○	300万	300万	必要
	地域限定	都道府県知事	×	△	△	△	15万	100万	地域限定必要
旅行業者代理業	旅行業者代理業	都道府県知事	旅行業者から委託された業務				不要	なし	必要
	観光圏内限定旅行業者代理業	国土交通大臣（認定）	旅行業者から委託された業務（観光圏内限定、対宿泊者限定）				不要	なし	研修修了者で代替可能

※1　△は、営業所の所在する市町村と、それに隣接する市町村の範囲内の区域でのみ認められるもの。
※2　弁済業務保証金分担金は、この20%の額。表示した金額は年間取扱額2億円未満の場合。

　第一種旅行業においては、観光庁長官を登録行政庁とし、募集型企画旅行（海外・国内）、受注型企画旅行（海外・国内）、受託販売[14]、手配旅行を実施することができる。

　第二種旅行業においては、主たる営業所の所在地を管轄する都道府県知事を登録行政庁とし、募集型企画旅行（国内のみ）、受注型企画旅行

14　受託販売とは、他の旅行業者が実施する募集型企画旅行について、当該他の旅行業者を代理して企画旅行契約を締結することをいう（旅行業法14条の2第1項）。

（海外・国内）、受託販売、手配旅行を実施することができる。海外の募集型企画旅行は実施することができない。

　第三種旅行業においては、主たる営業所の所在地を管轄する都道府県知事を登録行政庁とし、受注型企画旅行（海外・国内）、受託販売、手配旅行を実施することができる。また、募集型企画旅行は旅行の催行区域が営業所の存する市町村およびこれに隣接する市町村等の一定の区域内に設定される場合に限って実施することができる。海外の募集型企画旅行は実施することができない。

　地域限定旅行業においては、主たる営業所の所在地を管轄する都道府県知事を登録行政庁とし、第三種旅行業同様、実施する区域を限定した国内の募集型企画旅行・受注型企画旅行・手配旅行の取扱いをすることができる。

(2)　旅行業者代理業者

　旅行業者代理業とは、報酬を得て、特定の旅行業者を代理して、旅行者と旅行契約を締結する行為を行う事業をいう（旅行業法2条2項）。

　旅行業者は募集型企画旅行の旅行業者代理業を登録なしでできる（旅行業法14条の2第1項）。

　旅行業者代理業者は、所属旅行業者以外の旅行業者のために旅行業務を取り扱ってはならない（一社専属制。旅行業法14条の3第1項）。ただし、所属旅行業者が販売を認めた他社の募集型企画旅行を販売することはできる（旅行業法14条の2第2項）。

　所属旅行業者は、旅行業者代理業者が旅行業務につき旅行者に加えた損害を賠償する責めに任ずる（旅行業法14条の3第5項）。この規定は、明文で認められた交渉補助者利用による損害賠償責任の一つである。

(3)　旅行サービス手配業者

　旅行サービス手配業者（いわゆるランドオペレーター）とは、報酬を得て、旅行業者（外国の法令に準拠して外国において旅行業を営む者を含む）

の依頼を受けて、旅行者に対する運送・宿泊サービスの手配、全国通訳案内士・地域通訳案内士以外の有償ガイドの手配、免税店における物品販売の手配といったサービス提供につき、その提供業者との間で代理して契約を締結し、媒介をし、または取次をする者である（旅行業法 2 条 6 項）。

　近年、訪日旅行の増加とともに、外国の旅行業者が日本国内でのホテル、鉄道・バス、レストラン等の手配を、旅行サービス手配業者に依頼することが多くなっている。このような訪日旅行の中で、キックバックを前提とした土産物店への連れ回しや、高額な商品購入の勧誘等がなされ、あるいは、下限割れ運賃での貸切バスの手配等、旅行サービス手配業者の不当な行為がみられたため、規制がなされるに至った。

　海外旅行の手配行為は、規制対象外である。

　旅行サービス手配業者は、営業所所在地の都道府県知事の登録を受けなければならない（旅行業法23条）。登録を受けずに旅行サービス手配業を営んだ者には、1 年以下の懲役もしくは100万円以下の罰金またはその両方が科せられる（旅行業法74条 6 号）。

　また、①営業所ごとに旅行サービス手配業務取扱管理者の選任義務（旅行業法28条）、②契約締結時に、旅行業者・サービス提供者双方への書面交付義務（旅行業法30条）、③取引相手方に対する重要事項についての故意不告知または不実告知の禁止（旅行業法31条 1 項）、④取引相手方に対する債務の不当な履行遅延の禁止（旅行業法31条 2 項）、⑤道路運送法に基づく下限割れ運賃による運送提供への関与、旅行者に対する土産物等の購入の強要等の違法行為の禁止等（旅行業法31条 3 項、旅行業法施行規則52条）を義務付けられている。

6　営業保証金・弁済業務保証金制度

　旅行代金は先払いが通例であり、広告により一度に多数の旅行者を集めることができる募集型企画旅行では、旅行出発前に、旅行業者が旅行者から多額の資金を集めることができる。そこで、旅行代金を支払った旅行者を旅行業者の倒産による債務不履行から保護するため、営業保証金制度・弁済業務保証金制度が設けられている。[15]

(1)　営業保証金制度

　営業保証金制度とは、旅行業協会の正会員以外の旅行業者と旅行業務に関して取引をした旅行者がその取引によって生じた債権について、旅行業者が国に供託した営業保証金から一定の範囲で旅行者に弁済する制度をいう。旅行業者は、旅行業登録後速やかに営業保証金を最寄りの法務局（供託所）に供託し、登録行政庁に供託書の写しを添付して届け出る義務がある。そして、旅行業者と旅行業務に関し取引をした旅行者は、その取引によって生じた債権に関し、当該旅行業者が供託している営業保証金について、その債権の弁済を受ける権利を有するとされている（旅行業法17条1項）。したがって、倒産した旅行業者から旅行代金の返還を受けられない旅行者は、その旅行業者が供託している営業保証金からその旅行代金の返済（配当）を受けることができる。

(2)　弁済業務保証金制度

　弁済業務保証金制度とは、旅行業協会の正会員である旅行業者（保証社員）と旅行業務に関して取引をした旅行者がその取引によって生じた

15　オーストラリアにおいては、従前は旅行業者破綻に備えた消費者保護を目的とする弁済制度が旅行業者に義務付けられていたが、海外OTAの取引高増加、営業保証金拠出の経済的負担、弁済制度の非効率性などが問題視され、2015年（平成27年）6月末日をもって弁済制度が廃止されている（野村尚司「旅行商品販売における越境E-Commerceの課題」日本国際観光学会論文集24巻（2017年）7頁）。

債権について、旅行業協会が国に供託した弁済業務保証金から一定の範囲で旅行者に弁済する制度をいう。

　旅行業協会に加入した旅行業者は、営業保証金の供託義務を免れ、代わりに弁済業務保証金分担金（原則として営業保証金の 5 分の 1 の額）を旅行業協会に納付しなければならない（旅行業法49条）。弁済業務保証金分担金を納付した旅行業協会に加入した旅行業者と旅行業務に関し取引をした旅行者は、その取引によって生じた債権に関し、旅行業協会が供託している弁済業務保証金から弁済を受ける権利を有するとされている（旅行業法48条 1 項）。

　旅行業者に対し旅行代金の返還請求権などの債権を有する旅行者は、旅行業者の加入している旅行業協会に対し、旅行申込書の控えおよび領収書を提出して、弁済業務保証金の還付についての認証を受け、当該債権についての返済（配当）を受けることができる（旅行業法48条 2 項）。

　なお、株式会社てるみくらぶの倒産を契機に、第一種旅行業者の弁済業務保証金分担金の額が、海外募集型企画旅行の取引額に応じて引き上げられた。

(3)　ボンド保証制度

　ボンド保証制度とは、旅行業協会の保証社員のうち、第一種旅行業者が、任意に、弁済業務保証金に上積みして、自社の負担で一定額の「ボンド保証金」を協会にあらかじめ預託しておき、自社と取引をした旅行者に対して協会が弁済をすることになった場合、法律で定められた弁済限度額と自社「ボンド保証金」の合算額を、実際の弁済限度額とすることで、消費者保護を拡充する制度をいう。[16]

16　ボンド保証は、倒産時の保護を手厚くする制度であるが、逆説的に、ボンド保証に加入している旅行業者は、それだけ経済的に余力があるということを意味しており、倒産しにくいだろうという推定が働く。たとえば、平成29年（2017年）3 月に倒産して多数の消費者被害を出した株式会社てるみくらぶは、ボンド保証には加入していなかった。

7　旅行業務取扱管理者制度

　旅行業務取扱管理者制度は、旅行業者に営業所ごとに1人以上の旅行業務取扱管理者（総合・国内・地域限定の3種類の国家資格）を選任し、旅行取引に関する事務の管理・監督（旅行業法施行規則10条）を行わせることを義務付けた制度である（旅行業法11条の2）。

　旅行業法施行規則10条が定める旅行業務取扱管理者の職務としては、旅行に関する計画の作成に関する事項、旅行業務の取扱料金の掲示に関する事項、旅行業約款の掲示および備置きに関する事項、取引条件の説明に関する事項、契約書面の交付に関する事項、広告に関する事項、企画旅行の円滑な実施のための措置に関する事項、旅行に関する苦情の処理に関する事項、契約締結の年月日、契約の相手方その他の旅行者または旅行に関するサービスを提供する者と締結した契約の内容に係る重要な事項についての明確な記録または関係書類の保管に関する事項がある。

8　旅行業協会

　旅行業協会とは、旅行業者および旅行業者代理業者を構成員とする一般社団法人であって、観光庁長官の指定を受けたものをいう（旅行業法41条）。

　旅行業協会制度は、旅行業者等の業界団体に、一定の公的業務（旅行業法42条）を遂行させることによって、効率的に旅行業務の適切な運営を確保する目的で、設けられたものである。現在、旅行業協会には、一般社団法人日本旅行業協会（JATA）と一般社団法人全国旅行業協会（ANTA）の二つがある。[17]

---

[17]　会報誌として、JATA は「じゃたこみ」、ANTA は「ANTANEWS」を発行しており、それぞれのウェブサイトで閲覧することができる。

　旅行業協会は、苦情処理業務（旅行者または旅行サービスを提供する事業者から、旅行業者が取り扱った旅行業務に関する苦情の申出を受けて、その解決を図る業務）、研修業務（旅行業務取扱管理者をはじめとする旅行業者等の従業員に対する研修を実施する業務）、弁済業務（構成員である旅行業者等と取引をした旅行者に対しその取引によって生じた債権に関し弁済をする業務）などを行っている。

　旅行者が旅行契約をめぐるトラブルに遭遇した場合に重要なのが、苦情処理業務である。旅行業協会は、旅行者または旅行サービス提供業者からの旅行業者または旅行サービス手配業者に対する苦情を受け付けて、その相談に応じ、必要な助言を与え（相談助言業務）、事情を調査し、苦情対象となった旅行業者に対し苦情内容を通知してその迅速な処理を求める業務（あっせん業務）を行っている（旅行業法45条1項）。旅行業協会は、事実関係の調査のため、苦情の対象となった旅行業者等に対して説明を求めたり、資料の提出を求めたりする権限がある（旅行業法45条2項）。この権限は、みずからの社員ではない旅行業者等に対しても行使しうるが、社員であれば、正当な理由なく旅行業協会の要求を拒めない（旅行業法45条4項）。

第3　標準旅行業約款

1　約款論

(1)　はじめに

　約款とは、多数取引の画一的処理を予定されて一方当事者により作成された契約条項群をいう。約款による取引は、約款を用いた契約であり、基本的に契約法理に服する。

　約款の問題性は、①附合性、すなわち顧客の意思が希薄なまま、事業者の作成した契約条項が一方的に契約内容となること（交渉力格差のあらわれ）、②隠蔽効果、すなわち、約款作成者たる事業者が、顧客が気づかないうちに、交渉による変更の機会がないまま一方的に有利な契約条件を忍び込ませる危険性があること（情報格差のあらわれ）に集約される。そのため、約款については、顧客側の合意の希薄さ（契約内容形成の自由の剥奪）を補うため、民法、消費者契約法等により法的規律がなされている。

(2)　定型約款による個別条項のみなし合意

　旅行取引は、その性質上、不特定多数の者を相手方として行う取引であって、その内容の全部または一部が画一的であることがその双方にとって合理的なものという定型取引の定義に合致する取引であるから、旅行取引において使用される約款は、民法上の「定型約款」（民法548条の2第1項柱書）に該当する。

　民法548条の2第1項によれば、①契約当事者が定型約款を契約の内

容とする旨の合意をしたとき、または、②定型約款準備者が、あらかじめその定型約款を契約の内容とする旨を相手方に表示していたときには、定型約款の個別の条項についても合意をしたものとみなされる。個別条項のみなし合意が成立するためには、定型約款を契約内容とすることに顧客が同意していれば足り、定型約款の内容を開示することは必要とされない。

　旅行業約款については、約款の作成が義務付けられており（旅行業法12条の 2 第 1 項）、旅行者は、旅行業者に対して、取引の申込みをすれば、個別条項についても合意があったものとみなされることになる（民法548条の 2 第 1 項 1 号）。

⑶　定型約款の内容の開示

　民法548条の 3 は、顧客の請求があれば、定型約款準備者は、遅滞なく、相当な方法でその定型約款の内容を示さなければならないとしている。

　定型約款の開示請求権は強行規定であり、旅行業約款にも適用があるが、旅行業約款については、開示が義務付けられており（旅行業法12条の 2 第 3 項）、実務上は開示請求権が問題となることはないと考えられる。

⑷　条項使用者不利の原則

　条項使用者不利の原則とは、契約の条項について、解釈を尽くしてもなお複数の解釈の可能性が残る場合には、条項の使用者に不利な解釈を採用すべきであるという考え方をいう。

　条項使用者不利の原則は、事業者間契約においても妥当する解釈原則であるが、特に消費者契約についてみれば、以下のとおりである。

　消費者契約における条項使用者不利の原則の理論的根拠は、①消費者契約においては、契約条項は、あらかじめ事業者がみずからの欲する契約条件にしたがい一方的に文章化して確定するものであり、消費者には

契約条項作成につき交渉の余地がない以上（附合性）、契約条項の表現
の不明確さは、事業者の帰責事由により生じたものであり、そこから生
じる解釈上の疑義は、契約条項を作成した事業者の不利益に帰せしめる
のが公平原則にかなうこと、②契約条項に関する解釈上の疑義による紛
争が生じた場合に、情報・交渉力の格差に由来して事業者により消費者
が不利な解釈を押し付けられることを防止するべきこと、にある。

　条項使用者不利の原則は、事業者は「消費者契約の内容が、その解釈
について疑義が生じない明確なもので、かつ、消費者にとって平易なも
のになるよう配慮する」よう努めなければならないという消費者契約法
3 条 1 項 1 号の趣旨から導かれる考え方である。[18]

　募集型企画旅行契約においても、条項使用者不利の原則は適用が
ある。[19・20]

(5)　約款の不当条項規制

(ア)　内容規制の意味

　不当条項の内容規制とは、約款中の顧客にとって著しく不利益な契約
条項を無効とする法制度をいう。

　不当条項の内容規制が認められる実質的根拠は、約款による契約で
は、契約内容の理解とその変更可能性を前提とする自由な判断という、

18　消費者庁消費者制度課『逐条解説消費者契約法〔第 4 版〕』（商事法務・2019年）
　115頁。

19　千葉地判平成13・1・29WLJ は、航空券の旅行者氏名のスペル訂正が、事務処
　理の関係では旅行者の交替の場合とほぼ同様の手数を要したという理由で、旅行
　業者が、旅行者の交替についての費用を類推して請求することが許されるかをめ
　ぐって、約款の解釈が問題となった裁判例である。裁判所は、「本件約款がいわゆ
　る附合契約であって顧客としてはその内容について折衝する余地が事実上ないに
　等しいものであること、ことに、本件手続が業者と顧客のトラブルに関わるもの
　であることを考えると、予測可能性の観点から、約款の解釈は原則として可能な
　限りその文理に即して行われるべきであり、その拡張解釈については謙抑的でな
　ければならない」と判示し、旅行者に不利になる類推解釈を否定した。

契約の拘束力を支える自己決定基盤が顧客にとって十全に保障されていない点で、顧客の自己決定基盤をあやうくするものであり、約款使用者にはその補塡の意味で顧客の利益への適正な顧慮義務が認められ、また、当事者の実質的対等性を確保し顧客の自己決定権を支援する目的での司法的介入が正当化される、という点にある。

　　　　(イ)　民法548条の 2 第 2 項と消費者契約法10条の異同

　民法548条の 2 第 2 項は、消費者契約法10条を参考にして立法されたものであり、そのいずれもが約款条項の内容規制を行うものである。

　その要件に関しての共通点として、①前段要件を具備したものにつき、後段要件の具備を検討するという二段階で構成されている点、②前段要件については、消費者契約法10条に関しては、そこでいう「公の秩序に関しない規定」（任意規定）には、法律の明文の規定のみならず一般的な法理等も含まれると解されており（最判平成23・7・15民集65巻 5 号2269頁）、他方、民法548条の 2 第 2 項に関しても、そこでいう「相手方の義務を加重する条項」が何を基準に比較して判断するかについては、任意規定や判例その他一般的に存在する法理を基準とすると考えられている点、③後段要件は、いずれも信義則に反して他方当事者の利益

20　大阪高判平成13・2・7判タ1069号238頁は、パンフレットに、東京発着であるが、大阪発着、名古屋発着の場合も同一料金であることが明示されていたのに、大阪・東京間の国内線の手配ができなかった旅行業者に対し、旅行者が募集型企画旅行をキャンセルしたところ、旅行業者が自己都合による解約であるとして 2 割の取消料を収受したため、旅行者が返還を求めた事案である。裁判所は、「一般人を対象とする主催旅行契約の内容は、特に明確な合意がない限りそのパンフレットの記載、特に旅行申込者が強く関心をもって読む当該旅行に関する部分の記載を中心に決定すべきである。旅行業者は、一般人にも理解できるように、主催旅行につき責任をもつ範囲をパンフレットにわかりやすく、明確に記載すべきであり、パンフレットの記載に不明確な部分があるときには、それを作成した旅行業者側に有利に解釈すべきものではない」と判示し、旅行業者は国内線の手配債務を負っていたと判断した。なお、募集型企画旅行契約においては、パンフレットは契約書面であることに注意する必要がある。

を一方的に害するかどうかという判断基準が採用されている点、を指摘しうる。

　その効果に関しては相違点があり、民法548条の 2 第 2 項は、不当条項規制および不意打ち条項規制を一本化したうえで、いずれについても個別条項についての「みなし合意」から除外するとしている。民法548条の 2 第 2 項は、条項の内容的不当性を、不当条項の無効の効果をもたらすものとしてではなく、消極的組入要件として取り上げているのである。

　これに対し、消費者契約法10条は、消費者契約において、いったん合意された契約条項が不当条項であると判断される場合にその条項内容に着目して無効とする規定である。

　　㈦　不当条項該当性

　　　(A)　任意規定等からの逸脱

　任意規定や判例法、契約に関する一般法理には、情報格差・交渉力格差のない対等当事者間で妥当する適正な価値判断ないし正義内容が含まれている。したがって、そこからの乖離は、情報格差・交渉力格差の結果を示すものと考えられ、不当条項であることの徴表となる。

　民法548条の 2 第 2 項前段および消費者契約法10条前段においては、当該条項が、任意規定や判例法、契約に関する一般法理の適用のもと、当事者間に情報格差・交渉力格差がない理想的状況において合意されたであろう権利義務関係と比較し、顧客（消費者）に不利であることが、不当条項として規制されるための要件とされている。

　　　(B)　信義則違反

　民法548条の 2 第 2 項後段および消費者契約法10条後段においては、当該条項が、信義則に反して顧客（消費者）の利益を一方的に害することが、不当条項として規制されるための要件とされている。

　ここでいう信義則とは、約款条項の作成を事実上ゆだねられた事業者

は、自己の利益ばかりに固執することなく、顧客（消費者）の利益を適切に顧慮すべきであるという内容のものである。

　信義則違反の認定にあたっては、手続的側面（当該契約の締結の是非に関する選択機会付与およびその選択にあたっての基礎となる情報提供の有無・程度、約款の事前開示の有無・方法、条項の明確性・透明性等）および内容的側面（任意法規等からの逸脱の程度、対価的な不均衡、契約目的の危殆化等）の両者が考慮されることになる。

2　約款の認可制

　旅行業者は、旅行者との契約に関し、旅行業約款を定め、観光庁長官の認可を受けなければならない（旅行業法12条の2第1項）。

　このような観光庁長官による認可は、旅行業約款を行政的監督に服せしめ、旅行者に不利な不当な契約条項が旅行業者によって用いられることのないようするという、旅行者保護の目的で要求されている（旅行業法12条の2第2項1号・2号）。

　認可を受けない約款を使用した場合には、罰金30万円の刑事罰を受ける可能性があり（旅行業法79条7号）、登録取消し（旅行業法19条1項1号）、業務改善命令（旅行業法18条の3第3号）といった行政処分を受ける可能性がある。

　なお、約款につき認可制がとられている場合（たとえば保険約款など）、一般的には、無認可の約款条項も当然には無効ではなく、顧客保護の目的である認可を受けてないということが、不当条項規制における不当性の判断要素として重視されるにとどまると解されている。しかし、旅行業約款については、後記のとおり、別段の考慮が必要となる。

3　標準旅行業約款

(1)　標準旅行業約款の概念

　標準旅行業約款とは、観光庁長官および消費者庁長官が定めて公示した旅行業約款をいう（標準旅行業約款の構成につき〔表３〕参照）。

〔表３〕　標準旅行業約款の構成

募集型企画旅行契約の部	旅行業者が、旅行者の募集のためにあらかじめ、旅行の目的地および日程、旅行者が提供を受けることができる運送または宿泊のサービスの内容並びに旅行者が旅行業者に支払うべき旅行代金の額を定めた旅行に関する計画を作成し、これにより実施する旅行契約
受注型企画旅行契約の部	旅行業者が、旅行者からの依頼により、旅行の目的地および日程、旅行者が提供を受けることができる運送または宿泊のサービスの内容並びに旅行者が旅行業者に支払うべき旅行代金の額を定めた旅行に関する計画を作成し、これにより実施する旅行契約
手配旅行契約の部	旅行業者が旅行者の委託により、旅行者のために代理、媒介または取次をすること等により旅行者が運送・宿泊機関等の提供する運送、宿泊その他の旅行に関するサービスの提供を受けることができるように、手配することを引き受ける契約
渡航手続代行契約の部	旅行業者が渡航手続の代行に対する旅行業務取扱料金を収受することを約して、旅行者の委託により、①旅券、査証、再入国許可および各種証明書の取得に関する手続、②出入国手続書類の作成等を行うことを引き受ける契約
旅行相談契約の部	旅行業者が相談に対する旅行業務取扱料金を収受することを約して、旅行者の委託により、①旅行者が旅行の計画を作成するために必要な助言、②旅行の計画の作成、③旅行に必要な経費の見積り、④旅行地および運送・宿泊機関等に関する情報提供、⑤その他旅行に必要な助言および情報提供を行うことを引き受ける契約

　旅行業者は、標準旅行業約款と同一の約款を用いている限り、認可を
受けた約款を用いているものとみなされる（旅行業法12条の3）。

　その趣旨は、①望ましい内容の約款の普及、②事業者の負担の軽減・
行政手続の簡素化にある。

　実務上は、登録旅行業者はほぼ間違いなく標準旅行業約款（後記の定
型的認可約款による修正を受けたもの）を採用している。

(2)　標準旅行業約款の改正経緯

(ア)　モデル約款の時代

　昭和46年（1971年）の旅行業法改正により、旅行業は、一般旅行業と
国内旅行業に区別されたため、これに伴い、一般旅行業用の約款と国内
旅行業用の約款がモデル約款として作成された。モデル約款は、昭和58
年（1983年）6月30日まで利用された。

(イ)　最初の標準旅行業約款

　昭和57年（1982年）の旅行業法改正により、標準旅行業約款制度が導
入され、昭和58年（1983年）7月1日から平成8年（1996年）3月31日
までの間に締結された旅行契約には最初の標準旅行業約款が適用され
た。

　この最初の標準旅行業約款においては、旅行契約を主催旅行契約と手
配旅行契約に分け、主催旅行契約においては旅程管理債務が認められ、
また、特別補償責任が導入された。

(ウ)　平成7年（1995年）改正後の標準旅行業約款

　平成7年（1995年）の旅行業法改正を受け、標準旅行業約款が改正さ
れ、平成8年（1996年）4月1日から平成17年（2005年）3月31日まで
の間に締結された旅行契約には平成7年（1995年）改正標準旅行業約款
が適用された。

　平成7年（1995年）改正により、標準旅行業約款には、主催旅行契約
の部、手配旅行契約の部に加え、渡航手続代行契約の部と旅行相談の部

が設けられた。また、主催旅行契約について、旅程保証制度が導入された。

　最初の標準旅行業約款・主催旅行契約の部21条 1 項は、旅行業者の責任について、「当社は、主催旅行契約の履行に当たって、当社又は当社が第 4 条の規定に基づいて手配を代行させる者（以下『手配代行者』といいます。）が故意又は過失により旅行者に損害を与えたときは、その損害を賠償する責に任じます。ただし、海外旅行において目的地固有の事情により法律上又は事実上、現地における旅行サービスの手配を委託すべき者の選任が強制され、これによるほか現地における手配を行うことができない場合であって、当社が募集に際してその旨を明示したときは、当社は、当該手配を委託すべき者の行為について責任を負うものではありません」と規定されていたが、このような特殊な手配代行者に関する免責条項は、平成 7 年（1995年）改正により削除され、現行の募集型約款27条 1 項と同様の条文に改正されている。

　　㈓　平成16年（2004年）改正後の標準旅行業約款

　平成16年（2004年）の旅行業法改正を受け、標準旅行業約款が改正され、平成17年（2005年） 4 月 1 日以降に締結された旅行契約には平成16年（2004年）改正標準旅行業約款（現行の標準旅行業約款）が適用される。

　平成16年（2004年）改正により、従前の包括料金特約付企画手配旅行契約は、受注型企画旅行契約として再構成され、旅程管理債務、旅程保証責任および特別補償責任が認められるものとなった。

　その後、軽微な改正がなされている。

　平成19年（2007年）には、第三種旅行業者にも限定的に国内募集型企画旅行契約の締結が認められることとなったため改正がなされ、また、平成25年（2013年） 4 月 1 日から地域限定旅行業の創設に伴い、第三種旅行業者の実施する募集型企画旅行契約について申込金（旅行代金の20％上限）を除く旅行代金の旅行開始日より前の収受禁止の制限が撤廃

されたことにより、再度改正がなされている。

　平成26年（2014年）7月1日から施行となった現行の標準旅行業約款では、取消料を定める別表第1の「旅行開始後」の定義について特別補償規程の定義が準用されたほか、暴力団排除条項が設けられた。

4　定型的認可約款

　旅行業法12条の2第1項による約款認可として、標準旅行業約款を部分的に修正する定型的な認可約款が実務的に認可されているが、標準旅行業約款からまったくかけ離れたような個別の約款が認可されている例はない。[21]

　定型的認可約款としては、以下のものがある。

(1)　募集型ペックス約款

　募集型ペックス約款とは、PEX運賃（LCC運賃を含む）の取消料・違約料を、国内・海外の募集型企画旅行の取消料として設定できる約款をいう（別表第1に定める募集型約款16条1項の取消料の改訂）。[22]

　契約書面において、①PEX運賃等を利用すること、②航空会社名、③PEX運賃取消料等の合計額を明示しなければならない。

(2)　旅程保証約款

　旅程保証約款とは、国内・海外の募集型企画旅行契約において、グ

21　平成21年（2009年）9月1日、消費者庁が発足した際、旅行業法は、国土交通省と消費者庁の共管の法律になったために、標準旅行業約款の制定権限は、観光庁長官と消費者庁長官の両者に属することとなり、消費者の権利を大幅に制限するような改正については消費者庁長官の同意を得られないため、標準旅行業約款自体を改正することはできない。これに対して、個別認可約款の認可権限は観光庁長官が単独で行使できる。このため、実務上、旅行業者の要望を受け、標準旅行業約款を部分的に修正する約款が定型的認可約款として利用される現状にある。

22　募集型ペックス約款が利用された場合には、別表第1に定める募集型約款16条1項による取消料の収受開始時期前における任意解除であっても、PEX運賃の取消料・違約料相当額を設定しうる。

レードアップされた宿泊機関への変更は変更補償金の支払対象とはしないとする除外規定を定める約款をいう（別表第 2 に定める募集型約款29条 1 項の変更補償金の改訂）。

　契約書面において、あらかじめ等級を定めたホテルリストを記載しておかなければならない。

⑶　フライ＆クルーズ約款

　フライ＆クルーズ約款は、海外募集型企画旅行契約のうち、日程中に 3 泊以上のクルーズ日程を含む旅行（日本発着の往復に船を利用する海外クルーズは含まれない）につき、海外の船会社から早期に取消料の請求がなされる実情に鑑み、標準旅行約款の取消料規定より早い時期に収受することを可能とする約款である（別表第 1 に定める募集型約款16条 1 項の取消料の改訂）。

　具体的には、①船内泊数が旅行日程全泊の50％以上の場合は、船会社が定める取消料の 2 分の 1 の率以内、②船内泊数が旅行日程全泊の50％以下の場合は、船会社が定める取消料の 4 分の 1 の率以内で、キャンセル料が設定される。

　この約款は、旅行業者が取消料をカバーする保険（いわゆるキャンセル保険）を取り扱うことを条件に認可される。

⑷　ランドオンリー約款

　ランドオンリー約款とは、海外募集型企画旅行契約のうち、海外において現地集合現地解散のもの（往復航空券は旅行者がみずから手配するもの）につき、旅行者からの解約時にキャンセル料を収受することができるよう定める約款である。

　具体的には、別表第 1 に定める募集型約款16条 1 項の海外旅行に係る取消料の表題部分につき、「本邦出国時又は帰国時に航空機を利用する募集型企画旅行契約並びに本邦外を出発地及び到着地とする募集型企画旅行契約」（下線は著者）と追記するだけである。

(5)　受注型実額精算約款

　受注型実額精算約款とは、海外・国内の受注型企画旅行契約において、旅行者が契約を任意解除した場合に、運送・宿泊機関等の旅行サービス提供業者が旅行業者に課す違約金実額の合計額以内の額を、旅行者に対する取消料として設定することができる約款である（募集型約款16条 1 項ただし書を追記）。

　実額精算による取消料を請求するには、企画書面に解除の場合の実額費用（運送・宿泊機関取消料等）を明示し、旅行サービス提供業者が提示する証憑書類を添付しなければならない。

　実額精算による取消料とするか、標準旅行業約款に準じた取消料とするかは、契約ごとに定めることになる。

(6)　受注型 BtoB 約款

　受注型 BtoB 約款とは、国内・海外の受注型企画旅行契約のうち、事業者を旅行契約者とする場合（たとえば企業の招待旅行、懸賞旅行、学校法人による教育旅行等）には、旅行業者は当該事業者との合意により、自由に取消料を設定することができるとする約款である。新たに、「事業者を相手方とする受注型企画旅行契約の部」を設けることになる。

　ただし、旅行契約者たる事業者が、当該受注型企画旅行契約を任意解除した旅行参加者に対し、高額の取消料の求償をすることを防止するため、旅行契約者（事業者）と旅行参加者（通常は消費者）との間の契約において、任意解除した旅行参加者に対する事業者の求償額が標準約款の取消料規定の上限を超える場合で、かつ、旅行業者がそのような高額求償合意につき、悪意有過失の場合には、受注型 BtoB 約款上のキャンセル料特約自体が無効となる。

5　約款の開示

　旅行業法12条の 2 第 3 項は、「旅行業者は、旅行業約款をその営業所

において、旅行者に見やすいように掲示し、又は旅行者が閲覧することができるように備え置かなければならない」と規定している。

　その趣旨は、あらかじめ旅行者に約款内容を知らしめようという点にある。

6　標準旅行業約款と抵触する個別合意の効力

(1)　個別合意の効力

　旅行者が標準旅行業約款を利用している登録旅行業者との間で、標準旅行業約款とは異なる特約を結ぶことがありうる。

　このような特約の効力については、「当社が法令に反せず、かつ、旅行者の不利にならない範囲で書面により特約を結んだときは、前項の規定にかかわらず、その特約が優先します」と規定されている（募集型約款1条2項）。

　すなわち、標準旅行業約款と抵触する個別合意の効力については、標準旅行業約款それ自体においてその効果が規定されており、①法令に反せず、②旅行者の不利にならない範囲で、③書面により特約を結んだ場合に限り、その特約は有効であるが、上記の要件を満たさない場合には、特約は無効となり、標準旅行業約款の条項が適用されるのである。[23]

23　適格消費者団体であるひょうご消費者ネットは、登山、カヌー、ラフティング、サイクリング等のイベントを行う募集型企画旅行を催行する第一種旅行業者が、旅行者に対し、「旅行中の生命・身体・財産に対する被害が生じた場合につき、旅行業者に故意または過失によるときを除き全部免責とする」との内容の免責条項を記載した同意書に署名押印させて提出させている行為につき、①同意書不提出の場合には、標準旅行業約款に従った旅行サービスの提供を受けることができないかのように不実の告知をしたこと、②上記の同意書による免責条項は、標準旅行業約款にはない個別合意であり、その締結をするか否かは契約自由の原則のもとで消費者の任意にゆだねられているのに、あたかも義務的なものであるかのように不実の告知をしたこと等を理由として差止請求訴訟を提起した。訴訟上の和解の結果、旅行業者による上記のような同意書徴求行為は差し止められた（神戸地判平成30・8・9（和解）ひょうご消費者ネットHP参照）。

　「法令に反しない」にいう「法令」とは、強行規定を意味しており、任意規定は含まれない。

　「旅行者に不利にならない範囲」は、その特約の適用が問題となる場面ごとに、当該特約の適用が旅行者に不利にならないかを個別かつ実質的に判断するものとされており、一律に有利不利が定まるものではない。

　「書面」には、特約の合意が成立したことが示されていなければならず、通常、旅行者の署名押印が必要である。電磁的方法によるものを含まない。

⑵　無認可約款の効力

㈠　個別合意と無認可約款の区別

　無認可約款と個別合意との区別は、交渉および合意の個別性の有無を基準に判断される。

　すなわち、旅行業者が、個々の旅行者と個別に交渉をして合意に至り、その合意を当該旅行者との間で書面化している場合には、募集型約款1条2項所定の個別合意の特約である。他方、個別交渉も署名押印した書類もないのに、旅行業者において、一方的に「当社ではこのような取扱いをしています」として持ち出してきた標準旅行業約款には規定のない契約条件は、無認可約款である。

㈡　登録旅行業者による無認可約款の利用

　登録旅行業者が、標準旅行業約款を利用しているにもかかわらず、標準旅行業約款には規定のない契約条項を設けた無認可約款を追加的に利用している場合、当該無認可約款は、すべて無効であり、旅行者が適用を受けるのは標準旅行業約款のみである。

　標準旅行業約款と抵触する特約については、旅行者との間で個別に交渉し合意に至ったとしても、①法令に反せず、②旅行者の不利にならない範囲で、③書面により特約を結んだ場合に限り、有効性が認められる

にすぎないところ、無認可約款は、旅行者との間の個別の交渉や合意を欠いており、書面性が欠落しているもので、募集型約款1条2項に照らし、一律無効となると考えられるのである。

　　㈡　無登録業者による無認可約款の利用
　　　㈹　任意規定と異なる慣習と標準旅行業約款
　標準旅行業約款は、旅行業者が旅行者と旅行契約を締結する場合には、ほぼ間違いなく採用されている約款であり、旅行契約を締結する当事者間においては、「法令中の公の秩序に関しない規定と異なる慣習」であり、通常、「法律行為の当事者がその慣習による意思を有しているもの」に該当する（民法92条）。

　無登録のまま違法に旅行業を営む事業者は、旅行に関する約款自体も作成していないことが多いが、標準旅行業約款は、上記のように旅行契約を締結する当事者間で慣習となっており、これに準拠して旅行契約が成立するのが通例であり、無登録業者も仮に旅行業登録を適法にしていたとすれば、標準旅行業約款を自社約款として採用することが確実に予想される。

　したがって、無登録業者が、旅行者との間で旅行契約を締結した場合には、慣習（民法92条）として標準旅行業約款が適用されると考えられる。[24]

　　　㈷　無認可約款の効力
　最判昭和45・12・24民集24巻13号2187頁は、主務大臣の認可を受けず

---

[24]　東京地判平成13・5・22WLJ は、旅行業の登録を受けていない海外ウエディングの企画業者が、自己名義で旅行手配業務の委託を受ける旨の広告を出し、旅行代金の見積書を発行し、手配状況の問合せにも応じ、旅行代金も自己の口座に送金を受け、空港で自社従業員によるプラカードによる案内もする予定であったという事案である。裁判所は、当該事業者は、登録がないとはいえ、旅行に必要な手配を行うことを内容とする委任契約上の義務を負っていたものであり、その手配を怠った以上は債務不履行による損害賠償責任を負うと判断した。

に変更された船舶海上保険約款を利用してなされた保険契約も有効であると判断した。しかし、その理由の中では、船舶海上保険が企業保険であり、保険契約者が企業であって約款の内容に通暁し、保険会社と対等の交渉力を有することを強調している。この最高裁判例の趣旨を旅行業約款に及ぼして考えると、認可を受けていない旅行業約款に基づく旅行契約が、ただ認可を受けていないという理由だけで直ちに無効となることはないが、旅行者と事情者との間には情報の質および量並びに交渉力等に格差があり（消費者基本法1条）、このような旅行者を保護するため、旅行業約款の認可制度が設けられたことからすると（旅行業法12条の2第2項1号）、旅行者保護の観点から疑問を呈されるような約款条項（特に、標準旅行業約款より旅行者を不利に取り扱う約款条項）は、民法548条の2第2項または消費者契約法10条により、原則として無効となると考えるべきである。

　約款認可制度は旅行者保護のための核心的な制度であり、無認可約款使用に対して刑事罰も科されているところ、今日では、公法と私法は、公法秩序が私法秩序を支援し、また私法秩序が公法秩序を補強するという関係で相互依存し、協働して規範目的を達する関係にあると理解されているから、公法に属する旅行業法違反を旅行業者が行っているのに、それに司法が追認して加担することはできず、旅行業者は、標準旅行業約款に反する条項を援用することはできないと考えるべきである。

　　(C)　不当条項の無効

　無登録業者が、標準旅行業約款と矛盾抵触する独自の約款を利用している場合、標準旅行業約款に比べ、旅行者を不利に取り扱う契約条項は、原則として民法548条の2第2項または消費者契約法10条の適用を受け無効となる。

　民法548条の2第2項または消費者契約法10条は、不当な契約条項を無効とするにあたっての要件として、①任意規定（民法、商法その他の

法律の公の秩序に関しない規定）からの逸脱ないしは相手方の権利制限または義務加重、②信義則（民法1条2項に規定する基本原則）違反の二つをあげている。

　まず、任意規定からの逸脱や相手方の権利制限または義務加重の要件についてみれば、旅行契約は、民法や商法には規定がない「非典型契約」であって、いわゆる任意規定が見当たらない。しかし、民法548条の2第2項または消費者契約法10条が任意規定からの逸脱や相手方の権利制限または義務加重を不当条項無効の要件とした趣旨は、一般に、任意規定には、交渉力格差のない対等当事者間で妥当する適正な価値判断ないし正義内容が含まれていると考えられるところから、任意規定からの乖離は、交渉力格差の結果を示すものと考えられ、不当条項であることが推定されるというところにある。そうすると、旅行業約款については、任意規定に代替するものとして、標準旅行業約款からの逸脱があるか否かを、民法548条の2第2項または消費者契約法10条の適用にあたっては考慮するべきである。なぜなら、標準旅行業約款は、旅行者の利益も踏まえたうえで、現時点での適正な価値判断ないし正義内容に基づき作成されていると考えられるし、また、標準旅行業約款は、慣習として旅行者のみならず旅行業者をも拘束する効果をもち、登録旅行業者が旅行者と契約をした場合には、原則として標準旅行業約款に基づいて契約をしたものとなるという意味で、任意規定類似の機能を営んでいるからである。標準旅行業約款は、旅行契約においては、任意規定に準じるものとして取り扱ってよい。

　次に、信義側違反の要件についてみれば、標準旅行業約款の規定に比べて旅行者を不利に取り扱うような契約条項は、当然に旅行業法12条の2第2項1号所定の「旅行者の正当な利益を害するおそれがないものであること」という約款認可要件を満たしておらず、「旅行者の正当な利益を害するおそれ」があると考えられ、原則として民法548条の2第2

項または消費者契約法10条にいう「民法第1条第2項に規定する基本原則に反して」旅行者の利益を一方的に害するものに該当すると考えられる。

(D)　無効となった無認可約款の補充的解釈

無効となった不当約款の契約条項については、その無効部分を補充する必要がある。

この無効部分の補充については、民法等の任意規定によって補充するというのが、基本的な考え方である。もともと任意規定は、当事者が契約の中で合意しなかった場合に、その合意の欠落部分を補充するために用意されたものなので無効部分が脱落した場合にも適用があると考えられるし、かつ、任意規定には、交渉力格差のない対等当事者間で妥当する適正な価値判断ないし正義内容が含まれていると考えられるからである。

このような考え方からすれば、無認可約款のうち、標準旅行業約款の規定に比べて旅行者を不利に取り扱うような契約条項が無効とされた場合も、無効となったことによって生じた契約条項の空白部分は、まずは任意規定によって補充されるということになる。

仮に、無効部分について適切な適用されるべき任意規定が見当たらないとした場合には、契約の趣旨に従った補充的契約解釈がなされることになる。平均的な旅行者の抱く期待を基準として、その種の取引において通常なされている契約条件を補充するべきであるとすれば、補充的契約解釈にあたっては、任意規定類似の機能をもつ標準旅行業約款が用いられることになるであろう。

標準旅行業約款を用いるとの考え方によった場合には、たとえば、無登録の旅行業者が、標準旅行業約款で定める旅程保証や特別補償による金額よりも低額の補償しかしないとか、まったく旅程保証や特別補償の規定のない独自の約款を作成して、これを使用して旅行者との契約をし

たというときには、当該約款規定は民法548条の2第2項または消費者契約法10条に反する不当約款として無効となり、標準旅行業約款上の旅程保証や特別補償で定める金額の補償金の支払いが義務付けられると解するべきである。[25]

7　企画旅行と手配旅行

(1)　標準旅行業約款上の旅行契約の種類

標準旅行業約款においては、旅行契約は、企画旅行契約と手配旅行契約に大別されている。そして、企画旅行契約は、さらに、募集型企画旅行契約と受注型企画旅行契約に分類される（旅行契約の種類につき〔表4〕参照）。

25　たとえば、無登録業者が主催した国内募集型企画旅行中に、参加した旅行者が死亡した場合、当該無登録業者が使用している「当社に過失がある場合には旅行者に損害を賠償します」という契約条項を民法548条の2第2項または消費者契約法10条を適用して無効としたうえ、無効部分を標準旅行業約款の特別補償規程で補充し、当該無登録業者に過失がなくても特別補償金相当額1500万円の支払義務が生じると解することになる。このような解釈は、①当該無登録業者が適切に登録をすれば間違いなく標準旅行業約款を採用したはずであり、無登録というような形式的理由によって旅行者の保護に欠ける事態を招くことは、公正ではないこと、②登録をしないまま違法に営業をしていた業者に対し、適法に登録をして営業をする旅行業者に比べ、特別補償をしなくてもよいという格段に有利な地位を与えると、違法で不公正な競争を助長することにつながりかねないことによっても補強される。

〔表4〕　旅行契約の種類

契約の種類	内　　容	計画作成の発意		典型例
企画旅行契約	旅行業者が旅行の計画（目的地・日程・旅行代金）を作成する旅行であり、運送・宿泊サービスやレストランなどのサービスの提供に係る契約を旅行業者自身が締結し、これらにかかる料金を包括料金として旅行者から一括で収受するもの	募集型企画旅行契約	旅行業者によってあらかじめ旅行の計画が作成され、参加者を募集して実施するもの	いわゆるパッケージツアー
		受注型企画旅行契約	旅行業者が、旅行者の依頼を受けて、オーダーメイド方式で旅行の計画を作成するもの	修学旅行、職場旅行
手配旅行契約	旅行の計画は旅行者自身が作成する旅行であり、旅行業者は、旅行者の依頼を受けて航空券やホテルなどの手配を個別に行い、手配にかかる手数料を収受するにとどまるもの			航空券、乗車券ホテルの手配など

　企画旅行とは、旅行業者が、旅行の目的地および日程、旅行者が提供を受けることができる運送または宿泊のサービスの内容並びに旅行者が旅行業者に支払うべき旅行代金の額を定めた旅行に関する計画を作成し、これにより実施する旅行をいう。

　手配旅行契約とは、旅行業者が、旅行者の委託により、旅行者のために代理、媒介または取次をすることなどにより旅行者が運送・宿泊機関等の提供する運送、宿泊その他の旅行に関するサービスの提供を受ける

ことができるように、手配することを引き受ける契約をいう。

⑵　企画旅行と手配旅行の区別の実益

　企画旅行契約の場合には、旅行業者に、旅程管理債務および旅程保証責任、並びに安全確保義務および特別補償責任が生じるが、手配旅行契約の場合には、旅行業者はこれらの債務および責任を負担しないため、企画旅行契約のほうが旅行者にとっては有利である。

　たとえば、旅行者が旅行業者と契約をして、運送機関やアミューズメント提供業者からサービスを受けている際に死亡事故が生じた場合、当該契約が企画旅行契約であるとすれば、相続人は、旅行業者の過失の有無を問わず、企画旅行契約上の特別補償責任に基づき、国内旅行の場合には1500万円、海外旅行の場合には2500万円の支払いを受けることができるが、当該契約が手配旅行契約であるとすれば特別補償を受けることはできない。

⑶　企画旅行と手配旅行の区別の基準

　企画旅行か手配旅行かは、①旅行計画の作成主体、②包括料金性または自己提供性の有無によって、区別される。

　募集型企画旅行契約と手配旅行契約とは、募集型企画旅行契約の場合にはパンフレット等による広告が先行しており、広告を前提としない手配旅行契約とは、広告の有無によって比較的簡単に区別が可能である（もっとも、近時のウェブ契約にあっては、ウェブサイト上の表示が広告に該当するのか、それとも手配契約の申込みの誘引であるのかの区別は容易ではない）。

　受注型企画旅行契約と手配旅行契約とは、いずれもが旅行者が旅行業者に対して要望を伝えることにより締結される旅行契約であり、特にその区別が問題となりうる。

㋐　旅行計画の作成

　旅行業者による旅行計画の作成という要素があれば企画旅行契約であ

り、これがなければ手配旅行契約である。

すなわち、旅行業者が、みずから発意し（募集型企画旅行）、あるいは旅行者からの要望を聞きながら（受注型企画旅行）、みずからの創意工夫で旅行計画を作成している場合、すなわち、旅行の目的地および日程、運送・宿泊等のサービスの内容および旅行代金額の決定を旅行業者が行っている場合には、企画旅行契約であり、そうではなく、旅行業者が、旅行者が決定し指定した運送・宿泊等のサービスを手配しているにすぎない場合には、手配旅行契約である。

(イ)　包括料金性または自己提供性

旅行業者が、旅行者に対し、手配をした個々の運送機関や宿泊施設利用の代金額につき内訳明示をせずに包括的に代金額を請求している場合には、企画旅行契約であり、そうではなく、旅行業者が、旅行者に対し、手配をした個々の運送機関や宿泊施設の利用の代金額につき個別に内訳明示をして手数料を上乗せした金額を請求している場合には、手配旅行である。

企画旅行契約において取引対象とされている給付は、旅行計画の全体としての安全かつ円滑な実施であり、個別の運送機関や宿泊施設により提供されるサービスは、旅行計画によって統合されている。

企画旅行契約において、旅行業者は、旅行計画によって統合された運送機関や宿泊施設の利用等の旅行サービス全体の仕入れに要する経済的負担をみずからしなければならない（自己提供性）。

また、旅行業者は、このような仕入れに要する経費に自己の報酬を上乗せして、旅行計画によってパッケージ化された個別の運送・宿泊サービス等の束全体につき一括して包括的に旅行代金を決定し、旅行者にその支払いを求めるのである（包括料金性）。

(4)　旅行代金の内訳明示

上記のとおり、企画旅行契約の場合には、個別の運送機関や宿泊施設

等の利用の代金額につき個別に内訳が明示されることはないが、手配旅行契約の場合には、手配にかかる取扱料金が個別に積算されることになる。

　それでは、旅行者が、旅行業者に対し、旅行を構成する個別の運送機関や宿泊施設等の利用の代金額（旅行サービス提供業者による役務給付の対価）について、開示を請求することはできるのだろうか。

　手配旅行契約においては、その旅行代金が、運賃、宿泊料その他の運送・宿泊機関等に対して支払う費用と報酬である旅行業務取扱料金とから構成されており（手配約款2条3項）、本来的に開示が必要である。仮に開示されていない場合には、手配旅行契約が委任契約または準委任契約と性質決定されることから、旅行者は、旅行業者に対し、報告義務の履行として（最判平成21・1・22民集63巻1号228頁参照）、旅行代金の内訳の開示を請求しうると考えられる。

　これに対し、企画旅行契約においては、旅行代金は個別の旅行サービスの積算ではなく旅行計画の全体的遂行に対する包括的対価であるため、その性質上、契約締結時には旅行代金の内訳明示の必要はない。

　しかし、企画旅行契約において、旅行業者が手配完成債務を怠った場合など、旅程の一部に契約不適合があったときの損害額を算定するにあたって、旅行代金の内訳が必要となるときがある。旅行契約をめぐる紛争が発生した状況下では、紛争の適切な解決のために、旅行業者は、旅行者に対し、旅行代金の内訳の概算およびその概算の計算根拠を明示するべき責務を負うと考えられる。

　その実体法上の根拠は、上記の委任契約に基づく報告義務（民法645条・656条）であり、手続法上の根拠は、裁判所による釈明に応じる義務（民事訴訟法149条1項・157条2項）、文書提出義務（民事訴訟法220条）に求めることができる。

⑸　旅行業法上の企画旅行

　旅行業法上、企画旅行とは、「旅行の目的地及び日程、旅行者が提供を受けることができる運送又は宿泊のサービス（以下『運送等サービス』という。）の内容並びに旅行者が支払うべき対価に関する事項を定めた旅行に関する計画を、旅行者の募集のためにあらかじめ、又は旅行者からの依頼により作成するとともに、当該計画に定める運送等サービスを旅行者に確実に提供するために必要と見込まれる運送等サービスの提供に係る契約を、自己の計算において、運送等サービスを提供する者との間で締結する行為を行うことにより実施する旅行」と定義されている（旅行業法2条1項1号・4項）。

　これに対し、標準旅行業約款では、企画旅行とは、旅行業者が、「旅行の目的地及び日程、旅行者が提供を受けることができる運送又は宿泊のサービスの内容並びに旅行者が旅行業者に支払うべき旅行代金の額を定めた旅行に関する計画を作成し、これにより実施する旅行」と定義されている（募集型約款2条1項、受注型約款2条1項）。

　旅行業法上の企画旅行の定義規定は、約款上の定義よりも狭く、①計画性、すなわち旅行業者による旅行計画の作成という要素のほかに、②自己提供性、すなわち旅行業者自身の経済的負担による運送宿泊サービス契約代金の支払いという要素が付加されている。

　このように、企画旅行の定義については、旅行業法では、旅行業者が行う仕入取引である「運送機関・宿泊施設等との間の旅行サービス提供契約の締結」が要素とされているのに対し、標準旅行業約款では、仕入取引については触れられていない（当然のことであるが販売取引である「旅行者との旅行契約の締結」が前提とされている）という相違点がある。このような相違点が生じるのは、旅行業法は旅行業者の登録要件を定めようとしており、したがって、旅行業者を中心に、運送・宿泊機関との間の旅行サービスの仕入取引および旅行者との間の販売取引である旅行

契約の両面を把握しようとしているのに対し、標準旅行業約款は、旅行業者と旅行者との二者間の取引条件を定めることに関心があり、仕入取引は契約当事者外の法律関係にすぎないことに由来している。いわば、旅行業法は、旅行業者の「営業」に着目し、標準旅行業約款は旅行業者の旅行者との「取引」に着目しているのである。

第2章
募集型企画旅行契約

第 1　総　　論

1　企画旅行契約の概念

　企画旅行とは、「旅行業者が、旅行の目的地及び日程、旅行者が提供を受けることができる運送又は宿泊のサービスの内容並びに旅行者が旅行業者に支払うべき旅行代金の額を定めた旅行に関する計画を作成し、これにより実施する旅行」をいう（募集型約款 2 条 1 項、受注型約款 2 条 1 項）。

　標準旅行業約款上の企画旅行は、旅行業者による旅行計画の作成を本質とし、これによって手配旅行と区別される。旅行計画の要素は、①旅行の目的地および日程、②運送・宿泊のサービスの内容、③旅行代金額である。

2　企画旅行契約の種類

　企画旅行契約には、募集型企画旅行契約と受注型企画旅行契約の 2 種類がある。

　募集型企画旅行契約とは、旅行業者があらかじめみずからの発意によって旅行計画を作成し、当該旅行計画に関する広告表示によって旅行者を募集して実施する企画旅行契約をいう（募集型約款 2 条 1 項）。募集とは、不特定または多数の者に対して、旅行契約の申込みを誘引することを意味する。一般的には、「パッケージツアー」や「パック旅行」と呼称される。

　受注型企画旅行契約とは、旅行業者が、旅行者の依頼を受けてその要望に沿った内容の旅行計画を作成し、旅行者に提案して実施する企画旅行契約をいう（受注型約款2条1項）。修学旅行や職場旅行が典型である。

　募集型か受注型かは、旅行計画作成の契機が、旅行業者側が旅行者の依頼を受けることなくあらかじめ作成することになったものか（募集型）、それとも旅行者の依頼を受けて初めて作成することになったものか（受注型）の違いにすぎず、いずれであっても、旅行業者には、債務としての旅程管理債務および安全確保義務並びに責任としての旅程保証責任、特別補償責任が生じる。

3　募集型企画旅行契約の特徴

　旅行者が旅行業者との間で募集型企画旅行契約を締結する場合、①旅行者と旅行業者との間に締結される契約（旅行契約）と、②旅行者が、運送機関から提供される運送サービス、宿泊施設から提供される宿泊サービス等を享受する契約（旅行サービス契約）という2種類の契約が重畳的に締結されることになり、複数からなる②の契約を、①の契約において旅行業者が統合するという二層構造がみられる。

　旅行契約は、このような複合契約としての性格をもち、旅行サービスは、契約当事者たる旅行業者から直接提供されるのではなく、運送機関や宿泊施設といった第三者から間接的に提供される特徴を有する。この点から、裁判実務上、旅行業者の債務不履行については、①旅行業者の旅行サービス提供者に対する管理可能性を念頭におきつつ義務違反がなかったかどうかを判断する、②そのうえで、旅行者に対して適切な説明がなされたかどうかを判断する、という判断枠組みがとられていると指摘されている。[26]

2

4　企画旅行契約の法的性質

(1)　企画旅行契約の法的性質決定

(ア)　典型契約論

　民法が規定する13種類の契約類型を典型契約という。典型契約規定は、各契約の本質的要素を定める冒頭規定とそれ以外の事項を定める任意規定によって構成されており、どのような本質的要素が合意されたかによって契約が性質決定され、本質的要素以外の契約内容は、当該契約が属する典型契約規定に含まれる任意規定によって補充されると考えられている（任意規定の契約内容補充機能）。

　〔性質決定→典型契約類型へのあてはめ→任意法規による補充〕という枠組みを利用することによって、合理的な契約解釈をすることが可能になるのである。

　そのため、企画旅行契約の法的性質決定が問題とされる。

(イ)　企画旅行契約の法的性質に関する判例・学説

　企画旅行契約の法的性質に関しては、大別して準委任契約説、請負契約説、売買契約説がある[27]（企画旅行契約の法的性質につき〔**表 5**〕参照）。

---

[26]　大村敦志「（論点講座）もうひとつの基本民法(27)債権各論編(9)サービス契約——旅行契約を素材に」法学教室297号（2005年）36頁。大村教授は、旅程変更の事案を分析して上記の判断枠組を指摘されているが、旅程変更以外の場面でもこのような判断枠組は妥当すると思われる。

[27]　堀竹学「企画旅行契約の法的性質」北東アジア研究18・19合併号（2010年）33頁。個々の学説の概要については、宮川・前掲（注10）13頁〜22頁、森嶋秀紀「主催旅行契約における旅行業者の債務と責任(三)ヨーロッパ諸国の法理等を参考に」名古屋大學法政論集208号（2005年）257頁。

48

〔表5〕 企画旅行契約の法的性質

学 説	内 容	第一次的責任についての帰結
準委任契約説	旅行業者は、各種運送・宿泊サービス等の手配を基本的な義務内容とし、旅行者とサービス提供事業者との間に立って旅行者がサービスを受けられるよう個別的に代理、媒介、取次することを引き受けるにすぎず、旅行契約の法的性質は準委任であるとする見解（裁判実務）	旅行業者は、旅行を構成する各種運送・宿泊サービス等を自ら引き受けるものではないから、旅行中に生じた旅行者の損害については、旅行業者が第一次的に責任を負うことはない。
請負契約説	旅行業者は、自己の判断に基づいて独自に各種運送・宿泊サービス等を選択し、組み合わせて一括して提供し、その対価も包括して受け取っているものであるから、旅行契約の法的性質は請負であるとする見解	サービス提供事業者は、旅行業者の履行補助者として扱われることになり、旅行中に生じた旅行者の損害については、旅行業者が第一次的に責任を負う。
売買契約説	旅行業者は、各種運送・宿泊サービス等の個々の給付を集積して、それらのサービスを受けられる地位を一個の商品の形態で売り出しているものであって、旅行契約の法的性質は商品売買契約に類似したものであるとする見解	旅行を構成するサービスの内容、品質に契約不適合があった場合には、旅行業者が第一次的に責任を負う。

　準委任契約説とは、旅行業者は、各種運送・宿泊サービス等の手配を基本的な義務内容とし、旅行者とサービス提供事業者との間に立って旅行者がサービスを受けられるよう個別的に代理、媒介、取次することを引き受けるにすぎず、旅行契約の法的性質は準委任であるとする見解をいう。準委任契約説によれば、旅行業者は、旅行を構成する各種運送・宿泊サービス等をみずから引き受けるものではないから、旅行サービス

提供業者の行為により旅行中に生じた旅行者の損害の賠償責任については、旅行業者に旅行サービス提供業者の選任・監督上の過失があった場合に限り認められるにすぎず、対旅行業者が第一次的に責任を負うことはない。

　判例は、現行の標準旅行業約款に基づき締結された企画旅行契約の法的性質について、準委任契約であると考えている[28]。

　請負契約説とは、旅行業者は、自己の判断に基づいて独自に各種運送・宿泊サービス等を選択し、組み合わせて一括して提供し、その対価も包括して受け取っているものであるから、旅行契約の法的性質は請負であるとする見解をいう。請負契約説によれば、旅行サービス提供業者は、旅行業者の履行補助者として扱われることになり、旅行サービス提供業者の行為により旅行中に生じた旅行者の損害の賠償責任については、旅行業者自身の過失の有無を問わず、旅行業者が第一次的に責任を負うことになる。

　売買契約説とは、旅行業者は、各種運送・宿泊サービス等の個々の給付を集積して、それらのサービスを受けられる地位を一個の商品の形態で売り出しているものであって、旅行契約の法的性質は商品売買契約に類似したものであるとする見解をいう。売買契約説によれば、旅行を構成するサービスの内容、品質に契約不適合があった場合には、旅行業者が第一次的に責任を負うことになる。

　　㈱　小　括

　上記のとおり、企画旅行契約の法的性質に関しては、二つのモデルがある。その一つは、請負契約説的に、旅行業者が主体的に旅行計画を作成して一括料金のもとに旅行を実施している点を重視し、旅行業者自身が運送・宿泊等の個別の旅行サービスの提供を引き受けているという見

28　堀竹・前掲（注27）34頁〜35頁。

解であり、他の一つは、準委任契約説的に、旅行業者には運送・宿泊等の個別の旅行サービス提供業者に対する支配可能性が乏しい点を重視し、旅行業者は旅行者と個別の旅行サービス提供者との間を取り持つだけでみずから旅行サービスの提供を引き受けているわけではないという見解である。[29]

　契約の法的性質を決定し、その法的性質を典型契約にあてはめて、演繹的一義的に結論を導くという手法は、今日では必ずしも支持されているわけではない。企画旅行契約を民法上の典型契約に性質決定しても、それによって企画旅行契約における権利義務関係が一律に規律されることにはならないと考えられる。[30]

　実務的に現実類型として締結されている標準旅行業約款上の企画旅行契約については、性質の異なる複数の債務から構成される複合的要素をもっているものの、基本的には準委任契約として設計されているものであり（募集型約款3条、受注型約款3条）、これに旅行者保護のために旅程保証責任および特別補償責任が付加されていると理解するべきである。[31]

⑵　旅行業者の第一次的責任

　旅行業者の第一次的責任の有無、すなわち、旅行を構成する個別の運送・宿泊等のサービスについて旅行サービス提供業者の債務不履行が

29　森嶋・前掲（注27）290頁以下、中里真「旅行契約における旅行業者の責任に関する一試論」秋田法学51号（2010年）76頁。

30　森嶋・前掲（注27）292頁〜293頁。鹿野菜穂子「役務契約⑵旅行契約」内田貴＝大村敦志編『民法の争点』（有斐閣・2007年）255頁は、「募集型企画旅行契約は複合的要素をもっているのであり、その法的性質を、請負か委任かというように一義的に決して結論を導くことは適切ではない。また、たとえこの契約に請負契約類似の側面を認めたとしても、旅行業者が、旅行における複数の第1次的サービスの履行を、自らの債務として引き受けていると解することには無理があろう」としている。

31　三浦雅生『標準旅行業約款解説〔第2版〕』（自由国民社・2018年）46頁以下。

あった場合に、旅行業者が旅行者に対して、直接に契約責任を負担するかどうかに関しては、準委任契約説的に旅行業者の第一次的責任を否定する見解と、請負契約説的に旅行業者の第一次責任を肯定する見解との対立がある。

　現行の標準旅行業約款は、募集型企画旅行契約の法的性質を準委任としてとらえ、旅行業者は、各種運送・宿泊サービス等の手配を基本的な義務内容とし、旅行者と旅行サービス提供業者との間に立って旅行者が旅行サービスを受けられるよう個別的に代理、媒介、取次することを引き受けるにすぎず、旅行計画を構成する各種運送・宿泊サービス等をみずから引き受けるものではなく、運送・宿泊機関等は旅行業者の履行補助者ではないから、運送・宿泊機関等の債務不履行があったとしても、それによって生じた旅行者の損害について、旅行業者が直接責任を負うことはないとの法律構成をしている。

　このように、現行の標準旅行業約款は、旅行業者の第一次的責任を認めていないが、これは、もっぱら標準旅行業約款の設計にあたり、どのような立法政策をとるかという問題である。立法論的には、旅行者保護の見地から旅行業者の第一次的責任を認める法律構成に基づき標準旅行業約款を構成することは、十分考慮に値する。

　現に、EU加盟国では、1990年（平成2年）6月に制定された「パック旅行EC指令」において、旅行契約の定義、旅行主催者の責任、旅行情報の提供、苦情処理、旅行主催者倒産の場合の旅行者保護措置、旅行条件の内容とその変更等に関して一定基準による国内法化が求められた。パック旅行EC指令2条は、パック旅行の定義を「二つ以上の給付が包括代金で販売され又は販売のために申し込まれ、サービスが24時間を超える期間にわたり又は1泊の宿泊を含むときに、予め確定された二つ以上の給付の組み合わせをいう」と定めており、パック旅行を売買契約的に法律構成している。パック旅行EC指令5条1項は、「契約から

生ずる債務が、契約当事者である旅行主催者及び／又は旅行仲介者自身によって履行されるべきか、他のサービス提供者によって履行されるべきかを問わずに、加盟国は、旅行主催者及び／又は旅行仲介者が、契約から生ずる債務の適切な履行につき旅行者に対して責任を負うこと、その際、他のサービス提供者に償還請求する旅行主催者及び／又は旅行仲介者の権利は損なわれないことを、保証する必要な措置をとらなければならない」と定めており、旅行業者の第一次的責任を立法するように加盟国に要求する内容となっている。このパック旅行 EC 指令 5 条の国内法化により、イギリス、ドイツ、フランスといったヨーロッパ主要国においては、旅行サービス提供業者の過失について旅行業者が旅行者に対して直接的な責任を負うものとされている。[32]

特に、海外旅行の場合、運送機関や宿泊施設は海外企業となり、トラブルがあった場合に、旅行者がみずから海外企業に責任を追及することは、準拠法や国際管轄の問題があるほか、言語や証拠収集の面で困難がある。旅行者保護の見地からは、国内で取引をした旅行業者に法的責任の負担を求めることができれば、その救済に資するものである。

立法政策的には、以下のような観点から、旅行業者は、複合契約における「窓口責任」として、債務不履行をした旅行サービス提供業者に代位して第一次的責任を負担するとするのが適切であると考えられる。

　㋐　提携責任

旅行業者は、自己を中核として、運送・宿泊などの旅行サービス提供業者による給付を統合し、旅行者に対し、各給付の内訳を表示せず一体としての価格を表示して提供している。旅行業者は、各旅行サービス提供業者との事業提携により、その中枢に位置して利益を獲得しているものであって、報償責任の法理（利益が帰するところに損失もまた帰すると

[32]　高橋弘「EC と日本における主催旅行契約（募集型企画旅行契約）の近況」廣島法學30巻 1 号（2006年）306頁。

いう法原則）から、旅行サービス提供業者の行為について責任を負担するべきである。

　　㈠　システム責任

　旅行業者は、みずからの責任で各種旅行サービスを統合して一個の商品として企画旅行を提供しているものであり、単に旅行サービス提供業者の選任・監督をなすべき地位にあるにとどまらず、目的地での危険について事業者として情報を有し、かつ、リスクを考慮した対価設定やリスクの分散（保険加入など）を主体的になしうる地位にあるものであって、危険を組織的に管理支配する地位にある者として、危険責任の法理（他人を用いることで事業を拡大し、本人のみの活動による場合よりも他人に損害を与える危険を増加させた者は、その危険が現実化したとみられる損害について賠償責任を負うとの法理）から旅行サービス提供業者の行為について責任を負担するべきである。

　　㈡　外観への信頼責任

　旅行業者は、旅行者に対し、対価内訳も明示することなく、一個の商品として自社ブランド名により企画旅行を販売しており、旅行者も旅行サービス提供業者が代理、媒介によって直接的契約関係に立つものなのか取次によって旅行業者を介した間接的契約関係に立つものなのかについて契約意思を及ぼしてはおらず、取引の実態として旅行業者を信頼して取引に入っているものであり、旅行業者はみずから作出した外観に対する信頼どおりの責任を負担するべきである。

　　㈢　求償可能性ないし付保可能性

　第一次的責任により、無過失であるにもかかわらず旅行者に対して責任を負担せざるを得なかった旅行業者は、旅行サービス提供業者に対して、契約関係を介して、求償を求めることができるはずである。あるいは、損害保険契約を締結することによりリスクを回避したり、無過失責任を負担することになるコストを旅行代金に上乗せすることも、旅行業

者にとっては可能である。さらにいえば、旅行業者は企画旅行において
は、みずからサービス提供業者を選任する立場にあるのだから、十分な
能力を有するサービス提供業者を利用すれば、旅行者に対して責任を負
担するような事態は極力回避することができるはずであり、旅行業者の
第一次的責任を肯定することは、適切なサービス提供業者を選任するイ
ンセンティブを旅行業者に与えることにつながる。[34]

33　三浦・前掲（注31）95頁によれば、募集型約款14条４項が、旅行契約の内容変
　　更に伴う費用増加がオーバーブッキングを理由とする場合には、旅行代金の増額
　　は許されないと規定している理由は、旅行業者は費用増加分を明白に責任のある
　　運送・宿泊機関に対して求償するべきであると考えられたためである。
34　森田宏樹『契約責任の帰責構造』（有斐閣・2002年）101頁。

第 2　募集型企画旅行契約における契約締結過程

1　広告規制

(1)　総　論

　消費者は、商品および役務について消費者の自主的かつ合理的な選択の機会が確保されることにつき、消費者の権利を有している（消費者基本法2条1項）。その権利実現のためには、事業者が購買意欲をそそる情報だけを消費者へ提供することを是正することや、事業者が情報提供義務を負担し、不実告知等の場合に契約の有効性の否定や損害賠償の可能性が認められるというだけにとどまらず、消費者が取得しようとする商品・役務に関して、網羅的で正確かつわかりやすい広告表示を行うこと（広告表示における透明性の確保）が求められる。

　募集型企画旅行契約においては、募集（不特定または多数の者に対して、旅行契約の申込みを誘引すること）のための広告が不可欠であり、その広告に対する規律が、①旅行業法、②景品表示法、③公正競争規約によって、なされている。

(2)　旅行業法による広告規制

　積極的な表示義務に関して、企画旅行の募集広告をするについては、旅行業者の氏名、旅行の目的地および日程、運送・宿泊・食事サービスの内容、対価、添乗員同行の有無、最少催行人数などを表示しなければならないとされている（旅行業法12条の7、契約規則13条）。

　また、表示禁止に関して、旅行サービスの内容、景観、対価、安全の

確保、損害の補償等につき、著しく事実に相違する表示をし、または実際のものよりも著しく優良であり、もしくは有利であると人を誤認させるような表示をしてはならないとされている（旅行業法12条の 8、契約規則14条）。このような広告規制に違反した場合には、業務改善命令、業務停止命令、登録取消しといった行政処分の対象となる（旅行業法18条の 3・19条）。

　国土交通省の通達である「企画旅行に関する広告の表示基準等について」（平成17・2・28国総旅振第387号）によると、たとえば、表示が必要とされる事項に関して、宿泊地については日程中のすべての宿泊都市名を原則的に表示しなければならない、機中泊等の場合はその旨の表示が必要である、利用予定航空会社や利用ホテルや貸切バスは限定列記を要し「A 航空他」とか「B ホテルまたは同等クラス」などの表示は許されない、行程の記載にあたっては「〇時から〇時まで」との時間帯を記載する、といった規制がなされている。

　また、同通達によると、たとえば、客観的根拠なく、旅行サービスの品質について「超豪華」「当社だけの」「最高級」「安心、安全」といった用語を用いたり、対価について「格安」といった用語を用いることは禁止されている。さらに、日程に含まれない場所等の写真等をイメージであることを明記せずに用いることは、誇大広告に該当するとされている。

(3)　景品表示法による不当表示の規制

(ア)　景品表示法の目的

　表示規制の目的は、①消費者に対する商品・サービスの品質・価格についての適正な情報提供により、商品・サービス選択に関する自己決定権を保障すること、②適切な商品・サービス選択の結果、安くて良い商品・サービスを供給する事業者が市場で利益を上げることができるという意味で、公正な競争を確保することにある。

　景品表示法にいう事業者・一般消費者の概念は、消費者契約法で定義されている事業者・消費者の概念と同様であり、ただ、「一般消費者」とは、当該商品役務を購入する特定の範囲の消費者を意味すると理解されている。

　　(イ)　規制対象（表示）

　景品表示法が規制対象としている「表示」とは、事業者が、①顧客誘引手段として、②商品役務について行う、③広告その他の表示であって、内閣総理大臣が指定するものをいう（景品表示法2条2項）。

　顧客を誘引するとは、顧客を自己と取引するよう仕向けることをいい、新たに誘引することのみならず、取引の継続や取引量の増大を誘引する場合も含む。

　表示によって提供される情報は、商品役務に関する情報であることを要する。したがって、企業のイメージ広告や従業員の募集広告、新株発行の表示などは対象外である。

　内閣総理大臣が指定する表示としては、パンフレット、セールストーク、ポスター、新聞、テレビ、インターネットなどがある。

　　(ウ)　表示規制を受ける事業者

　表示規制を受ける者は、①表示の対象たる商品役務を供給しており（供給主体性）、かつ、②表示行為をした事業者である（表示行為主体性）。故意過失は不要である。

　供給主体性については、商品の製造者、卸売業者、小売業者など一般消費者が購入する商品の流通過程に入っている事業者は、すべて表示の対象たる商品を供給していると考えられている。他方、広告代理店やメディア媒体（新聞社、放送局など）は、広告の製作には関与しているが、みずから商品・役務を提供しているわけではないので、規制対象とはならない。

　表示行為主体性については、東京高判平成20・5・23裁判所HP（ベ

イクルーズ判決）による基準が用いられる。表示行為をしたか否かは、表示内容の決定に関与したか否かにより決まるとされ、以下のいずれかに該当する場合には、表示内容の決定に関与したことになる。

① 　みずからまたは他の者と共同して積極的に表示の内容を決定した場合

② 　他の事業者が決定した表示内容について、その事業者から説明を受けて了承し、その表示を自己の商品役務の表示とすることを了解した場合

③ 　みずから表示内容を決定することができるにもかかわらず、他の事業者に表示内容の決定を任せた場合

たとえば、小売業者が、単に製造業者から出荷された商品を陳列販売しただけで表示内容の決定に関与していない場合には規制対象とはならないが、たとえば製造業者の説明に基づきチラシ広告を作成した場合や、製造業者に対し PB 商品の製造委託をし、その際、表示内容の決定を製造業者に任せたような場合には、規制対象となる。

　㈘　優良誤認表示と有利誤認表示

　　(A)　総　論

景品表示法は、広く広告を規制する法律であるが、旅行に関しては、①旅行サービスの品質、内容についての不当表示（優良誤認表示）、②旅行サービスの価格、取引条件についての不当表示（有利誤認表示）、③販売意思のないもしくは販売することが不可能な旅行商品または販売数量限定の旅行商品をそれを秘して表示し、広告外の旅行商品を購入させるように仕向ける、おとり広告を規制している。

「誤認」とは、広告表示全体の印象から一般消費者が受ける合理的な期待と広告対象である商品が現に有する実際の性能・効果との間に乖離が生ずる場合を意味する。

また、「著しく」優良または有利という場合の「著しく」とは、当該

表示の誇張の程度が、一般消費者による商品・サービスの選択に影響を与える程度に達している場合をいう。

　一定のデメリット事項の不表示により、積極的に表示された事項を含めて全体としてみれば、デメリットのない通常の商品・サービスであるかのように認識される場合には、デメリット事項を表示しないことが不当表示となることがある。

　商品・サービスの内容や取引条件を強調する表示の下に、例外や制約を示す打消し表示が行われることがある。打消し表示は本来望ましくないが、これを行う場合には、①強調する表示に近接した箇所であること、②強調表示の文字の大きさとバランスがとれていること（消費者が手に取る表示物の場合、最低8ポイント以上の文字であること、十分な文字間、余白、行間余白がとられていること）、③背景の色と対照性があることに留意しなければならないとされている。

　一般に、双務有償契約においては、事業者が給付する商品・役務と、消費者が支払う対価とは、主観的な対価的均衡を保つことになるが、優良誤認表示・有利誤認表示は、この対価的均衡を広告レベルで崩すものである。すなわち、消費者は、「良い品をより安く」と志向するのに対し、事業者が、自己の給付する商品・役務の質を実際より上質に偽る場合が優良誤認表示であり、消費者の支払うべき対価を実際より低額に偽る場合が有利誤認表示である。

　事業者は、自己の供給する商品または役務の取引について、不当表示等の発生を防止するために必要な体制の整備その他の必要な措置を講じなければならないとされている（景品表示法26条1項）。

　　(B)　優良誤認表示

　優良誤認表示とは、内容に関する不当表示であり、商品・役務の品質・規格その他の内容について、実際のものまたは競争業者のものより著しく優良であると示す表示をいう。優良の表示は、表示内容全体から

受ける印象・認識を対象にして、平均的な知識を有する消費者に優れていると認識されるか否かを基準に判断される。

優良誤認表示の例としては、観光施設の休業日を明瞭に表示しない場合、食事が写真から受ける印象と著しく違う場合、温泉について加水・加温・循環ろ過に関する表示をすることなく天然温泉と表示する場合、実際にはみられない景観写真等をイメージであることを明記せずに表示する場合などがある。

(C)　有利誤認表示

有利誤認表示とは、取引条件に関する不当表示であり、商品・役務の価格その他の取引条件について、実際のものまたは競争業者のものより著しく有利であると示す表示をいう。

取引条件とは、商品またはサービスの内容そのものを除いた取引にかかわる条件のことであり、価格・料金のほか、数量、アフターサービス、保証期間、支払条件、景品類など種々のものが広く含まれる。

有利誤認表示の例としては、根拠なく「格安」、「会員価格」と表示する場合、実際には違うのに出発保証と表示する場合、通常旅行代金と比較した特別旅行代金を二重価格表示する場合などがある。

(オ)　景品表示法違反の効果

景品表示法違反があると、消費者庁長官またはその委任を受けた都道府県知事等は、調査を行い、その結果、指導や措置命令、課徴金納付命令を出す。

また、適格消費者団体は、事業者が、不特定かつ多数の一般消費者に対して、優良誤認表示や有利誤認表示をする行為を現に行いまたは行うおそれがあるときは、当該行為の差止請求をすることができる。

(4)　公正競争規約

公正競争規約とは、各業界の事業者または事業者団体が、不当な広告表示、過大な景品提供を規制するために公正取引委員会の認定を受けて

設定した自主的ルールである（景品表示法12条）。旅行業における公正競争規約として、「募集型企画旅行の表示に関する公正競争規約」がある。

　「募集型企画旅行の表示に関する公正競争規約」においては、施行規則、運用基準というより詳細な下位基準も設けられており、たとえば、「日程中の観光地・観光施設等について、入場するのか、下車して観光するのか、車窓からの観光かその方法を観光地等の名称に併記して具体的に明確に表示すること」とか、「『自由行動』の表示は、移動、観光、食事等の旅行サービスの提供を受ける時間以外の旅行者が自由に使用できる時間帯で、海外旅行では2時間、国内旅行では1時間以上継続してある場合について用いること」、「『オーシャンビュー』とは、海が客室の窓側（ベランダは含まない。）から視界のかなりの部分を占めている場合をいう」といった細部にわたる取決めがなされている。

　公正競争規約は、事業者団体が表示に関して自主的に定めた業界ルールであるが、公正取引委員会が、旅行者の利益をも考慮に入れて所定の認定を行っており、景品表示法所定の不当表示に関する規定を旅行業に合致するよう具体化したものと評価することができる。

(5)　実務上の取扱い

　以上のように、旅行についての広告は、各種の規制が重複してなされており複雑であるため、実務的には、一般社団法人日本旅行業協会（JATA）と一般社団法人全国旅行業協会（ANTA）が共同発行する「旅行広告・取引条件説明書面ガイドライン」（「赤本」と通称されている）に準拠して行われている。

2　取引条件の説明義務

　旅行業者は、旅行者に対し、契約締結過程において、取引条件説明書面を交付したうえで、旅行サービスの内容、対価、補償等の取引条件、参加資格（査証の要否、旅券の必要残存期間等を含む）、安全衛生情報など

を説明しなければならない（旅行業法12条の 4 ）。

　取引条件説明書面の記載事項については、旅行業者等が旅行者と締結する契約等に関する規則 5 条に規定されている。

　旅行業法12条の 4 は、説明手段として取引条件説明書面の交付を要求するものであり、口頭での説明（店頭での対面販売）を必須とする趣旨ではない。

　旅行業法上の「取引条件説明書面」は、実務的には、「パンフレット」および「旅行条件書」にあたる。

　なお、旅行取引におけるパンフレットは、単なる募集のための広告ではなく、取引条件説明書面（旅行業法12条の 4 ）、契約書面（旅行業法12条の 5 ）としての法的性質を有しており、パンフレットに記載された契約条件は、そのまま契約内容を構成することに注意を要する（取引条件説明書面・契約書面の記載事項につき〔表 6 〕参照）。

〔表 6 〕　取引条件説明書面・契約書面の記載事項

記載事項	取引条件説明書面（契約規則 5 条）	契約書面（契約規則13条）
企画者の氏名または名称および住所並びに登録番号	1 号イ	1 号ロ→ 5 条 1 号イ
企画者以外の者が企画者を代理して契約を締結する場合にあっては、その旨並びに当該代理人の氏名または名称および住所並びに登録番号	1 号ロ	1 号イ
当該契約に係る旅行業務を取り扱う営業所の名称および所在地（外務員が書面を交付する場合にあっては、当該外務員の氏名並びにその所属する営業所の名称および所在地）	1 号ハ	1 号ロ→ 5 条 1 号ハ
当該契約に係る旅行業務取扱管理者の氏名および旅行者の依頼があれば当該旅行業務取扱管理者が最終的には説明を行う旨	1 号ニ	1 号ロ→ 5 条 1 号ニ
旅行の目的地および出発日その他の日程	1 号ホ→ 3 条 1 号ハ	1 号ロ→ 3 条 1 号ハ

旅行者が旅行業者等に支払うべき対価およびその収受の方法	1号ホ→ 3条1号ニ	1号ロ→ 3条1号ニ
旅行者が旅行業者等に支払う対価によって提供を受けることができる旅行に関するサービスの内容	1号ホ→ 3条1号ホ	1号ロ→ 3条1号ホ
企画旅行に関するサービスに企画旅行の実施のために提供される届出住宅における宿泊のサービスが含まれる場合にあっては、宿泊サービス提供契約を締結する住宅宿泊事業者の商号、名称または氏名および届出番号並びに旅行者が宿泊する届出住宅	1号ホ→ 3条1号ヘ	1号ロ→ 3条1号ヘ
旅行者が旅行業者等に支払う対価に含まれていない旅行に関する経費であって旅行者が通常必要とするもの	1号ホ→ 3条1号ト	1号ロ→ 3条1号ト
企画旅行（参加する旅行者の募集をすることにより実施するものに限る）の参加者数があらかじめ企画者が定める人員数を下回った場合に当該企画旅行を実施しないこととするときは、その旨および当該人員数	1号ホ→ 3条1号チ	1号ロ→ 3条1号チ
契約の申込方法および契約の成立に関する事項	1号ホ→ 3条1号リ	×
契約締結の年月日	×	1号ハ
契約の変更および解除に関する事項	1号ホ→ 3条1号ヌ	1号ロ→ 3条1号ヌ
責任および免責に関する事項	1号ホ→ 3条1号ル	1号ロ→ 3条1号ル
旅行中の損害の補償に関する事項	1号ホ→ 3条1号ヲ	1号ロ→ 3条1号ヲ
旅行に参加する資格を定める場合にあっては、その旨および当該資格	1号ホ→ 3条1号ワ	1号ロ→ 3条1号ワ
企画旅行に関するサービスにもっぱら企画旅行の実施のために提供される運送サービスが含まれる場合にあっては、当該運送サービスの内容を勘案して、旅行者が取得することが望ましい輸送の安全に関する情報	1号ホ→ 3条1号カ	1号ロ→ 3条1号カ
旅行の目的地を勘案して、旅行者が取得することが望ましい安全および衛生に関する情報がある場合にあっては、その旨および当該情報	1号ホ→ 3条1号ヨ	1号ロ→ 3条1号ヨ

全国通訳案内士または地域通訳案内士の同行の有無	1号ホ→3条1号タ	1号ロ→3条1号タ
旅程管理業務を行う者が同行しない場合にあっては、旅行地における企画者との連絡方法	×	1号ニ

3　契約書面の交付義務

　旅行業者は、旅行者と契約を締結したときは、遅滞なく、旅行サービスの内容、対価等を記載した契約書面を交付しなければならない（旅行業法12条の5、募集型約款9条1項）。契約書面の記載事項については、旅行業者等が旅行者と締結する契約等に関する規則9条に規定されている。旅行業者が募集型企画旅行契約により手配し旅程を管理する義務を負う旅行サービスの範囲は、契約書面に記載するところによる（募集型約款9条2項）。

　契約書面交付義務の違反に対しては、30万円以下の罰金の刑罰が定められている（旅行業法79条9号）。

　なお、当該旅行サービスの提供を受ける権利を表示した書面（チケット券、クーポン券等であって、運送機関・宿泊施設等の旅行サービス提供業者に対抗しうるもの）を交付したときには、その限りで権利内容が明確であり、旅行者保護の必要がないため、書面交付義務は履行されたものとなる。[35]

　契約締結過程（旅行業法12条の4）ないし契約成立時（旅行業法12条の5）において、旅行契約の内容に関する情報提供が法律上要求されている趣旨は、旅行契約が、旅行サービスという不可視・無形の役務を目的

35　旅行業法施行要領第十二の5項では、「法第12条の5に規定する『サービスの提供を受ける権利を表示した書面』とは、航空券、乗車船券、宿泊券等をいう。これらの券類によって表示されない事項は、他の書面を交付して、補わなければならない」と規定されている。

とする契約であるため、その内容に関する情報が、旅行業者が提供するべき給付の内容を特定するため必須であることによる。その意味で、役務提供契約の契約締結過程で、説明が不十分であり、提供するべき役務給付の内容が不特定のままであった場合には、契約の成立自体が危ぶまれる状況に陥るといってよい。

　「契約書面」（旅行業法12条の５）と「取引条件説明書面」（旅行業法12条の４）とでは、要求されている記載事項がほぼ同一内容であることから、実務的には、旅行業者は、「パンフレット」および「旅行条件書」[36]を旅行者に交付することで、「契約書面」（旅行業法12条の５）と「取引条件説明書面」（旅行業法12条の４）の交付があったものと代用し、ただ、契約書面の必須の記載事項である、契約締結年月日については申込金の領収証に記載された年月日で追加し、旅程管理業務を行う者（添乗員）が同行しない場合の旅行地における企画旅行業者との連絡方法については「確定書面（最終日程表）に記載する」と書くことで、旅行業法の要求は満たされていると取り扱っている[37]。

　しかし、このように、記載事項を網羅した一覧性のある一通の書類の交付を要しないとする実務的取扱いについては、旅行者が契約による権利義務を正確に見通すことを可能にするという書面交付義務の趣旨に反するものであり、特定商取引法における書面交付のように、旅行業者等

36　実務的には、「旅行条件書」は、募集型企画旅行契約全般に共通する、契約内容の変更や解除、旅程保証や特別補償の内容、個人情報の利用目的などの細々とした法定記載事項を記載した書面であり、「パンフレット」は、旅行代金や日程など個々の旅行ごとに異なる取引条件を広告を兼ねて記載する書面であるが、いずれも、その法的性質は、取引条件説明書面であり、契約成立後は契約書面となる。

37　このような取扱いは、旅行業法施行要領第十二の３項・４項では、「取引条件の説明を書面で行った場合において、その記載内容に従った契約がなされたときは、当該記載事項については、契約書面の交付がなされたものとして取り扱う」、「契約書面は、数種の書面（領収書、最終日程表等）によって要件を満たすことも認められる」と規定されていることに根拠づけられている。

が旅行者と締結する契約等に関する規則 9 条所定の事項のすべてが網羅され、かつ旅行者において契約事項であると容易に認識しうるような体裁の契約書面を作成・交付することを旅行業者に義務付けるべきであるとの批判もなされている。[38]

　旅行業法でいう契約書面（旅行業法12条の 5 ）の一種である確定書面（契約書面を補充する書面）が不交付の場合には、旅行開始前であれば、旅行者は契約を取消料なしに解除しうることが明定されていること（募集型約款16条 2 項 4 号）との均衡からみても、契約書面不交付の場合にも、私法上の効果として、取消料なしの解除権が認められると解するべきである。

　旅行契約は、旅行サービスという不可視・無形の役務を目的とする契約であり、給付義務の内容確定のためには、旅行業者が旅行者に対して、サービス内容の説明義務を負担すると考えられるところ、旅行業法は、当該説明を契約書面の交付によって履行することを旅行業者に刑罰をもって義務付けているものであり、契約書面不交付の場合は、給付内容自体が不確定となってしまう以上、旅行者には契約からの離脱が認められてしかるべきだからである。

4　確定書面の交付義務

　契約書面において、確定された旅行日程、運送・宿泊機関の名称を記載できない場合には、旅行業者は、当該契約書面において利用予定の運送・宿泊機関を限定列挙したうえで、旅行開始日の前日までの契約書面に定める日までに、確定状況を記載した確定書面を交付しなければならない（募集型約款10条）。確定書面は、実務上は、「最終日程表」と呼ばれる。

38　神戸弁護士会「旅行業約款改正に関する意見書」（平成 3 年（1991年） 3 月） 6 頁～ 8 頁。

　募集型企画旅行契約により旅行業者が負担する債務の内容は、契約書面および確定書面の記載内容によって確定される（募集型約款 9 条 2 項、募集型約款10条 3 項）。

　確定書面の不交付の場合、旅行開始前であれば、旅行者は契約を取消料の支払いなしに解除しうる（募集型約款16条 2 項 4 号）。その趣旨は、確定書面不交付状態が続くと、提供されるべき旅行サービスの内容が確定されないままになるところ、旅行者がそのような不確定な契約内容に一方的に拘束されることを認めるべきではないという点にある。

　確定書面不交付を理由とする取消料負担なしの解除権は、旅行開始前には認められるが、旅行開始後は認められなくなる。

　すなわち、確定書面においては、旅行者に対し場所的移動を伴いながら時系列順に提供される運送・宿泊サービス等の内容と、これらのサービスを旅行業者が手配することを約定したことが示されるものであるところ、出発前にこのような確定書面の不交付による情報不備に異議を申し立てなかった旅行者が、旅行計画が立案・手配の段階を経て、実際に旅行が開始され実施の段階に入った後に、運送・宿泊サービス等が適切に立案・手配されているにもかかわらず、形式的な確定書面の不交付のみを名目にして、無制約に旅行契約を解除することを認めるのは相当ではないと考えられる。

　旅行開始後においては、旅行者に対する旅行計画の内容に関する情報提供は、旅行計画の安全かつ円滑な実施に不可欠であって、情報提供は契約上の債務であることが明らかであり、旅行計画が実施の段階に入っているのに、なおも確定書面の交付がなく、確定的かつ明確な情報提供が怠られている場合には、それ自体が債務不履行を構成するとともに、提供されるべき旅行サービスの契約不適合の有無を判断するうえで、旅行者と旅行業者との間で争いがある場合には、旅行業者の不利に考慮されるべき要素となると考えられる。[39]

5　手配状況の誠実回答義務

　旅行業者は、旅行者に対し、手配状況について問合せがあったとき
は、確定書面の交付前であっても迅速かつ適切に回答しなければならな
い（募集型約款10条2項）。これは、準委任契約と性質決定される募集型
企画旅行契約において、民法656条が準用する民法645条から当然に導か
れる報告義務である。

6　契約締結過程における情報提供義務

(1)　民法上の情報提供義務についての考え方

(ア)　概　　念

　情報提供義務とは、契約を締結過程において、事業者が、消費者に対
し、契約を締結するか否かについての判断に影響を及ぼすべき情報を提
供する信義則上の義務をいう。

(イ)　根　　拠

(A)　自己決定基盤の確保

　契約の拘束力は、みずから自由な意思で契約をした以上は、その契約

39　東京地判平成19・10・10WLJ は、受注型企画旅行契約において、契約書面等の
　交付がなかった事案である。結婚50周年のお祝いに老夫婦がイタリア旅行をする
　こととし、旅行業者に対し、ホテルはリッツカールトンホテルのような品格、設
　備及びサービスを有するホテル水準とし、ローマで「最後の晩餐」の鑑賞をする
　こと等の条件を述べて、旅行の企画実施を依頼した。ところが、旅行業者は、旅
　行者夫婦に対し、取引条件説明書、契約書等の書面を交付せず、ミラノでの宿泊
　先ホテルは3つ星のホテルで設備が貧弱であり、また「最後の晩餐」についても
　予約をしていなかったため、妻が障がい者のふりをするという不正手段を講じて
　見学をせざるを得なかった。旅行者夫婦は、ベネチアでの宿泊予定のホテルがバ
　スなしの部屋であると誤解し、旅行途中で旅行契約を解除し、旅行代金、慰謝料、
　帰国のための航空運賃、弁護士費用の賠償を求めた。裁判所は、重大な債務不履
　行はなく、損害額の立証はないので慰謝料のみが賠償対象になると判断した。こ
　の判決については賛成できない。

を守らなければならないという「自己決定による自己責任の原則」に由
来するが、情報の質と量の格差のもとで契約締結の可否を決するにつき
重要な情報を不十分にしか与えられない状況下でなされた消費者の意思
決定は、契約的拘束を正当化する根拠たり得ないのであって、情報格差
を是正して契約の自由を実質化する見地から、事業者は情報提供義務を
負う。

(B)　事業者の専門性

　事業者の専門的知識が予定されている複雑性の高い契約類型にあって
は、消費者は事業者の専門性に依存せざるを得ず、事業者においても専
門家に対する社会的信頼を基礎として営業活動を行い、利益を得ている
のだから、消費者から寄せられた専門家に対する正当な信頼を保護する
見地から、事業者は情報提供義務を負う。

(C)　完全性利益の保護

　当該契約をすることによって、消費者が現に有する生命、身体、財産
等の利益に損害が生じる可能性が強い場合には、その危険性と程度につ
き、事業者は情報提供義務を負う。

(ウ)　要　件

　情報提供義務が発生する要件としては、一般的には、①事業者と消費
者との情報量および情報分析能力の格差が信義則上看過し得ない程度に
達していることのほか、②ⓐ事業者の専門性、すなわち商品・役務が複
雑・専門的であり事業者が専門家と評価でき、消費者は専門家である事
業者の専門的知見に依存せざるを得ず、事業者もまたみずからに対する
社会的信頼を基礎として事業活動を展開して利益を得ている場合（報償
責任的発想）、ⓑ情報の危険性、すなわち当該取引によって相手方が有
する生命・身体・財産等の利益に損害が生じる可能性が高い場合（危険
責任的発想）があげられる。

(エ)　効　果

(A)　不法行為による損害賠償

事業者が、当該契約の締結に先立ち、信義則上の説明義務に違反して、当該契約を締結するか否かに関する判断に影響を及ぼすべき情報を消費者に提供しなかった場合には、事業者は、消費者が当該契約を締結したことにより被った損害につき、不法行為による賠償責任を負う。

(B)　詐欺、錯誤、不実告知等による取消し

事業者が情報提供義務を懈怠し、そのため契約締結の可否を決するにつき重要な情報を不十分にしか与えられない状況下でなされた消費者の意思決定は、契約的拘束を正当化する根拠たり得ず、法律の定める要件を満たした場合には、詐欺、錯誤、不実告知等による取消しが可能である。

(C)　契約解釈による契約内容化

事業者による情報提供義務違反があった場合に、当該表示が契約の内容となっていると契約解釈することができるときは、当該表示どおりの契約上の債務が発生する。[40]表示が契約内容を構成する要件としては、①事業者が当該表示を取引条件として援用していること、②事業者が情報提供義務を負っている等、消費者が表示を信頼することに正当な理由があること、が必要である。

募集型企画旅行契約においては、パンフレットは契約締結過程における取引条件説明書面であるとともに、契約成立後は契約書面となるから、パンフレットで表示されている情報は、契約内容となる場合が多い。[41]

(2)　旅行業法上の不実告知の禁止

旅行業者は、「旅行業務に関し取引をする者に対し、その取引に関す

40　大塚哲也「わが国における契約解釈論と情報提供義務論の断絶」法学政治学論究88巻（2011年）167頁。

る重要事項について、故意に事実を告げず、又は不実のことを告げる行為」を禁止されている（旅行業法13条1項2号）。その違反に対しては、30万円以下の罰金の刑罰が定められている（旅行業法79条15号）。

「旅行業務に関し取引をする者」には、旅行者のみならず、運送、宿泊等のサービスを提供する個々の旅行サービス提供業者やランドオペレーターなども含まれる。

「取引に関する重要事項」には、旅行サービス提供業者から提供される運送、宿泊等のサービスの内容も含まれる。

(3)　標準旅行業約款における契約締結前の情報提供義務

募集型約款30条2項は、「旅行者は、募集型企画旅行契約を締結するに際しては、当社から提供された情報を活用し、旅行者の権利義務その他の募集型企画旅行契約の内容について理解するよう努めなければなりません」と規定している。

この規定では、「募集型企画旅行契約を締結するに際しては」との文言が用いられているが、契約締結前の時点においては、標準旅行業約款の条項に基づく契約上の権利義務は生じていないのだから、募集型約款30条2項は、旅行者を拘束するものではあり得ない。[42]

41　東京地判平成18・9・5判例秘書は、募集型企画旅行であるバスツアーに参加した旅行者が、旅行業者のパンフレット上には、「お昼は珍しいきのこバーベキュー」という説明文と、ドラム缶を半分にしたような形状のバーベキューグリルで食材を焼くイラストが掲載されていたのに、実際の昼食は、卓上ガスコンロに鉄板を載せ、その上できのこ等を焼く方法であったとして、債務不履行による損害賠償を求めた事案である。裁判所は、募集型企画旅行に参加しようとする者にとっては、主催者が作成する広告が旅行内容に関するほぼ唯一の情報源であるから、誤った期待を抱かせることのないよう、広告に掲載する説明やイラスト等は、実際に提供されるものと同一のものを用いることが望ましいと判示しつつも、本件昼食も社会通念上バーベキューと評価でき、旅行者の期待が裏切られたとしても債務不履行に該当するとまでは認められないと判断した。

42　このことは、募集型約款30条2項が「努めなければなりません」という努力義務の体裁をとっていることからも明らかではある。

　むしろ、募集型約款30条2項は、旅行業者が、募集型企画旅行契約を締結しようとする旅行者に対し、旅行者の権利義務その他の募集型企画旅行契約の内容について、理解できるように情報を提供することを、みずからあらかじめ作成した旅行業約款において宣言し誓約している点に意味があると考えられる。

(4)　消費者契約法上の不実告知取消権

㋐　趣　旨

　現代社会においては、事業者は、取引経験が確実に蓄積され、当該取引に関連する情報の質・量の集積、交渉手腕・ノウハウの獲得・習熟が可能であるが、消費者は、取引経験に乏しく、一つの契約に投下できるコストが時間的にも労力的にも限られているため、取引対象・取引の必要性などに関する情報を収集分析する能力に劣り（情報力格差）[43]、自律的に契約内容を交渉して形成する能力に劣る（交渉力格差）[44]。

　消費者契約法4条1項1号の定める不実告知取消権は、消費者と事業者との情報の質と量における構造的格差を基礎として、事業者が消費者に対して不実告知をした場合に、不実告知をした事業者には帰責性があることおよび不適切な情報環境下で瑕疵ある意思決定をした消費者には自己決定による自己責任を問えないことから、消費者契約の取消権を認めたものである。

㋑　要　件

(A)　総　論

　事業者が、消費者に対し、①消費者契約の締結について、②勧誘する

43　「情報力」とは、情報収集力（情報を発見・取得する能力）および情報分析力（収集した情報を理解・評価して、取引相手方や契約条件につき適切な選択をする能力）をいう（横山美夏「説明義務と専門性」判タ1178号（2005年）18頁）。

44　「交渉力」とは、交渉を決裂させて契約を締結しないという選択肢を手中にしつつ、相手方に契約条件の譲歩を迫る可能性をいう（大村敦志『消費者法〔第4版〕』（有斐閣・2011年）102頁）。

に際し、③重要事項について、④事実と異なることを告げ、⑤これによって、消費者が告げられた内容が事実であると誤認し、契約締結の意思表示をしたときは、消費者は当該契約を取り消すことができる。

(B)　消費者契約

消費者契約とは、消費者と事業者との間で締結される契約をいう。

事業者とは、①法人、②その他の団体（法人格なき社団・財団、民法上の組合等）、③事業としてまたは事業のために契約の当事者となる個人をいう。

消費者とは、個人事業者以外の自然人である。

旅行契約において、旅行者は必ずしも消費者ではなく、個人事業者のこともあることに留意するべきである。

(C)　契約の締結について勧誘するに際し

勧誘とは、消費者契約締結の意思形成を働きかける行為をいう。「勧誘」要件は、特定の取引の誘引を目的とする不実告知のみを取消しの対象として取り上げ、消費者の意思表示の獲得とのかかわりを意識せずに行われた行為を除外する趣旨で要求されるものである[45]。「勧誘」要件は、刑法総論における「行為論」と同様に、不実告知の評価対象となる基底を提供するものである。

不特定多数の消費者に向けられた広告であっても、内容全体から判断して消費者が当該事業者の商品等の内容や取引条件その他これらの取引に関する事項を具体的に認識しうるような場合など、個別の消費者の意思形成に直接影響を与えるものについては、「勧誘」要件を具備する[46]。

募集型企画旅行契約におけるパンフレットは、まさに取引条件を具体

---

[45]　山代忠邦「消費者契約法にいう『勧誘』の意義」信州大学経法論集 6 号（2019年）25頁。なお、学説の概要については、岡林伸幸「消費者契約法における『勧誘』の意義」末川民事法研究 6 号（2020年）51頁を参照。

[46]　最判平成29・1・24民集71巻 1 号 1 頁。

的に認識しうるよう記載事項が法定されている取引条件説明書面（旅行業法12条の４）であり、しかも、契約成立後は契約書面（旅行業法12条の５）となるものであるから、単なる広告ではなく、原則として「勧誘」に該当する。

　「際し」とは、販売業者と購入者とが最初に接触してから契約締結に至るまでの時間的経過全体を指す。

(D)　重要事項

(a)　総　論

「重要事項」（消費者契約法４条５項）とは、①「消費者契約を締結するか否かについての判断に通常影響を及ぼすべきもの」であって、②「物品、権利、役務その他の当該消費者契約の目的となるものの質、用途その他の内容」または「物品、権利、役務その他の当該消費者契約の目的となるものの対価その他の取引条件」を原則としていう。

　給付内容と対価のほか、不実告知に限っては、「物品、権利、役務その他の当該消費者契約の目的となるものが当該消費者の生命、身体、財産その他の重要な利益についての損害又は危険を回避するために通常必要であると判断される事情」（損害回避事情）も、重要事項とされる（消費者契約法４条５項３号）。

(b)　契約締結にとっての重要性による限定

「消費者契約を締結するか否かについての判断に通常影響を及ぼすべきもの」とは、契約締結時の社会通念に照らして、当該事業者が展開する取引において想定される一般的平均的な消費者（当該取引における顧客層）が当該消費者契約の締結の意思決定を行うについて、その判断を左右すると客観的に考えられるような事項をいう。

　何日にもわたる旅行日程の中の、ある運送・宿泊等の個別の旅行サービスについて、不実告知があったという場合、そのことゆえに旅行契約全部を取り消すことができるのかという問題がある。当該不実告知にか

かる事項が、消費者契約を締結するか否かに影響するほど重要なものなのかが、争点になりうるものである。

　この点については、募集型約款16条 2 項 1 号を参考に、「別表第 2 上欄に掲げられた旅程保証にかかる事項やこれに準じるような重要な事項」について不実告知があった場合には、募集型企画旅行契約全部を取り消すことができると解するべきである。

　旅行業者によって契約内容変更権限（募集型約款13条）が行使された結果、「別表第 2 上欄に掲げられた旅程保証にかかる事項やこれに準じるような重要な事項」について契約内容の変更がなされたときは、旅行者は、旅行開始前において、取消料の支払いなしに、企画旅行契約を解除することができるとされている（募集型約款16条 2 項 1 号）。

　募集型約款16条 2 項 1 号が、「別表第 2 上欄に掲げられた旅程保証にかかる事項やこれに準じるような重要な事項」について、当初約定された旅行サービスと実際に実施される旅行サービスの齟齬が生じた場合の募集型企画旅行契約全体の解除を認めているのだから、不実告知によって旅行者が誤認した旅行サービスと実際に実施される旅行サービスの齟齬が生じた場合も、その誤認が「別表第 2 上欄に掲げられた旅程保証にかかる事項やこれに準じるような重要な事項」についての不実告知により生じた場合には、募集型企画旅行契約全体の取消しが認められるべきである。

　この場合、旅行開始前に取消権が行使されたときは、旅行代金の返還がなされれば足りるが、旅行開始後に取消権が行使されたときは、既履行の運送・宿泊等の旅行サービスについての不当利得返還請求の問題が生じる。

　旅行契約が取り消されると、旅行者は、旅行業者から、すでに納付した旅行代金を返還してもらうことができる。他方、契約を取り消した旅行者は、旅行業者に対し、すでに受けた旅行サービスを金銭的に評価し

た金額を返還しなければならないものの、下記のとおり、その返還義務を負う金額の範囲は、旅行代金額と比べ、相当程度減額されたものにとどまるものと解される。

(c)　「目的物の内容」「取引条件」「損害回避事情」による限定

一般に不実告知を伴う勧誘により事業者が契約締結の獲得をめざす場合に、その不実告知には2種類の型がある。

一つ目は、いわば甘言誘引型であり、勧誘にかかる将来締結される契約の給付または反対給付が、「より良いものをより安く」（良品廉価）という言葉に代表されるように、消費者にとって優良有利であるとの不実告知をする場合である（たとえば、実際には修復工事中で入館できない美術館について、「このツアーで訪れる美術館は展示物が充実していて感動しますよ」と不実を告げる場合である）。

通常の場合、上記の甘言誘引型の不実告知の対象は、将来締結されるべき契約の内容に関するものであり、消費者契約法4条5項1号所定の「目的物の内容」、あるいは、消費者契約法4条5項2号所定の「対価等の取引条件」に該当することが多い。

二つ目は、いわば現状誹謗型であり、現に消費者がおかれている状況のままでは損害を被るおそれがあるとの不実を告知して、その損害を避けることができるような契約の締結を勧誘する場合である（たとえば、手配旅行契約を締結するか募集型企画旅行契約を締結するか迷っている消費者に対し、実際はそのようなことはないのに、「この目的地では英語は通じませんので、添乗員がいるほうが安心ですよ」と不実を告げて募集型企画旅行契約を勧誘する場合である）。

通常の場合、上記の現状誹謗型の不実告知の対象は、現在の事実関係であり、消費者契約法4条5項3号所定の「損害回避事情」に該当することが多い。

(E)　不実告知

「事実と異なることを告げる」とは、契約締結時の客観的評価として真実に反する情報提供をすることをいう。事業者側の故意・過失は要件とされていない。

事実に反するか否かは、当該表示がなされた時点を基準として、その表示内容および表示がなされた状況などを総合判断して決定される。告知方法は口頭によることを要せず、状況によっては黙示の告知も認められる。

(F)　誤　認

誤認とは、消費者が、不実の告知内容を真実であると信じて契約締結の意思決定をしたことをいう。消費者が誤認したことについて過失があっても取消権は発生する。

(G)　因果関係

誤認による取消しについての因果関係は、事業者の不当な行為が消費者の誤認を惹起し、その誤認の存する心理状態で消費者の申込みまたは承諾の意思表示があった場合に、認められる。

契約締結の可否決定にあたり依拠されるさまざまな情報の中で、とりわけ重要な意味をもつと立法者において判断した情報が、重要事項（消費者契約法4条5項）であり、重要事項に関して誤認があれば、仮に他の情報が正確であったとしても、全体としてみれば、消費者は契約締結の可否の判断にあたって基礎となるべき情報環境に重大な瑕疵のある状態のもとで意思決定をなしていることになる。したがって、消費者の重要事項に関する誤認と契約申込みとの間の因果関係は、事実上推定されると考えられる。

誤認と契約申込みとの因果関係は消費者の内心における関係であるから、直接的な反証はあり得ず、事業者側がこの因果関係の事実上の推定を覆そうとするならば、事業者が誤認に陥っている消費者に対して、契

約締結前にあらためて適正な説明を行って、その誤認を解消した事実を
立証する必要があり、このような説明がない以上、因果関係の存在は認
められる。

㈡　効　果

(A)　総　論

　取消権が行使された場合、契約は遡及的に無効となり、未履行債務に
ついてはその履行義務は消滅し、既履行債務については相手方に対する
不当利得返還義務が生じる。

(B)　募集型企画旅行契約の取消しにおける不当利得返還

　募集型企画旅行契約については、出発前に旅行代金が支払われている
のが通常であるから、取消権が行使された場合、旅行業者は、旅行者に
対し、受領している旅行代金全額を返還しなければならない。

　旅行者も、旅行開始後に取消権が行使され、運送・宿泊等の旅行サー
ビスにつきすでに受領している部分が存在する場合には、当該既履行の
旅行サービスの評価額に相当する金額を不当利得として返還しなければ
ならない。問題は、その評価の方法である。

(C)　消費者契約法 6 条の 2 による給付不当利得の特則

　民法の原則によれば、双務契約の無効・取消しの場合において、給付
の原物返還ができないとき（①原物が給付受領者の下で滅失・損傷した場
合、②給付の目的が使用利益、役務、不作為など非有体的な利益である場
合）、給付受領者は、原則として、（原物返還義務の不履行についての義務違
反の有無、原物返還義務の認識の有無を問わず）、給付されたものの客観的
価値の返還義務を負担する。

　しかし、消費者契約を取り消した消費者が、取り消された契約に基づ
く給付についてまで価額返還義務を負わされるとすれば、給付された利
益の購入を実質的に強制されたのと等しくなり、取消しをしても経済的
意味が乏しく消費者の保護とはならず、事業者の「やり得」を認めるこ

とになる。

　そのため、消費者契約が取り消された場合の、消費者から事業者に対する給付利得の返還（価額償還）については、消費者契約法6条の2に基づく「出費の節約」論や[47]、「押し付けられた利得」論によって[48]、返還すべき利得は、契約目的や志向といった個別的事情から見た受益者自身にとっての評価額（主観的価値）に縮減されるべきであると考えられる。[49]

(D)　募集型企画旅行契約の取消しの場合の不当利得返還請求

　旅行業者が、消費者に対し、取り消された募集型企画旅行契約の既履行の旅行サービス部分について、不当利得返還請求権を行使するには、まずは、「利得」である「消費者が享受した既履行の旅行サービス部分の客観的評価額」を主張立証しなければならない。

　旅行業者は、旅行者に対して、仕入取引の内訳明細を開示していないが、取消しにより旅行契約が解消された場合に、既履行の旅行サービス

47　「出費の節約」論とは、双務契約において利得消滅の抗弁が基本的に認められないのは、自己の反対給付の出捐を予定して相手方からの給付を受領しているというgive and take の交換関係は、清算の場合にも貫徹しないと当事者間の公平を欠くためであるところ、詐欺・不実告知等による取消権が発生するような場合には、給付を対価的牽連関係におくという点に関する受益者（被害者）の意思には瑕疵があるとともに、既履行給付は受益者の財産に対する侵害の手段としてなされているものであり、利得消滅が原則として認められない給付利得と取り扱うよりも、侵害利得に近い取扱いが正当であり、したがって、受益者は既履行給付については現存利益を返還すれば足り（消費者契約法6条の2）、返還義務は縮減されて「出費の節約」の限度で返還すれば足りるとする考え方である。消費者は善意受益者として現存利益を返還すれば足りるので、返還義務は縮減され、消費者は「出費の節約」の限度で返還すれば足りる。すなわち、当該消費者がもし取り消された当該契約を締結しなくても同種の契約を結んだはずであり、いずれにしても出捐をするはずだったという場合（たとえば生活上必要なサービスの契約を勧誘されて締結した場合）には、出費を節約したことになり、この出費節約分が返還すべき利得となる。逆にいえば、当該消費者が取り消された契約を勧誘されなかったら同種の契約を締結しなかったであろう場合（浪費的なサービスの契約を勧誘されて締結した場合）には、出費の節約はなく、返還すべき利得は存しない。

部分の客観的評価額を主張立証できないときは、実際上、旅行者に対する不当利得返還請求は断念せざるを得ないであろう。

　これに対し、消費者は、消費者契約法 6 条の 2 に基づき、利得消滅の抗弁（現存利益は残っていないとの抗弁）を主張しうる。その際、以下のような事項を考慮するべきである。

　(a)　利潤分の請求の不許容

　旅行から帰着後に取消権が行使された場合であっても、旅行代金全額を旅行者が返還する必要はなく、少なくとも、旅行業者の利潤分について減額された「実費分」の返還をすれば足りると考えられる。

48　「押し付けられた利得」論とは、詐欺・不実告知等による契約が受益者（被害者）の自己決定権を侵害する不公正取引であるという観点から効力が否定される以上、加害者からの給付利得の返還請求についても、①受益者（被害者）への取消権付与による自己決定権保障（既履行給付を押し付けられるいわれはない）と、②詐欺・不実告知等を行った者に対する非難・制裁（既履行給付の市場価額取得が認められのでは違法行為のやり得になり許されない）という規範目的が清算過程に反映され、受益者（被害者）の返還義務は縮減されると解する見解である。すなわち、不実告知等を行った事業者からの履行済み給付の対価請求を許すことは、①消費者にとっては実質的な取引強制となって、不当な契約的拘束から消費者を解放しその自己決定権を保障しようとする取消権付与の制度の趣旨を損なうとともに、②誤認困惑惹起という違法性の高い行為を実行した事業者に利得を与えることになり、違法行為抑止という法目的が達成できなくなる不都合を生じる。そこで、契約締結に関する受益者の自己決定に問題がある取引（取消権の発生が認められる取引）によって供給された利得は、事業者の違法行為によって押し付けられた利得であり、事業者に「やり得」を許すのは公正ではなく、この利得に流通性がない場合（役務の場合は常に流通性がない）には、返還するべき利得は、給付受益者（消費者）にとっての主観的価値により算定するべきである（丸山絵美子「消費者契約における取消権と不当利得法理(1)(2)」筑波ロー・ジャーナル創刊号（2007年）109頁・2 号（2007年）85頁、笹川明道「無効な契約を清算する際に受益者の主観的な価値を顧慮して価額償還義務の範囲を制限しうるか——民法（債権関係）改正中間試案および英米法を参考にして」神戸学院法学43巻 3 号（2014年）73頁）。

49　川地宏行「契約の終了と返還義務の範囲——不当勧誘を受けた消費者の価額償還義務を中心に」NBL1147号（2019年）57頁。

　利潤分の請求が許されないことは、「やり得」を許さないとする消費者契約法6条の2の趣旨からも明らかである。不実告知によって取り消された契約によって、旅行業者が利潤を得ることは、許容されず、旅行業者が誤認状態に陥れた旅行者から利潤を得ることは、そのような不当な契約的拘束から消費者を解放しようとする取消制度を無意味にし、消費者を害する不当な行為を抑止しようとする消費者契約法の趣旨に反すると解される。

　なお、旅行業者の利潤分は、目安として、旅行代金の10%程度であると考えられる。50

　(b)　中核的な旅行サービスの欠落の場合

　募集型企画旅行契約については、生活上必要不可欠というものではなく、娯楽的要素が強いものであり、たとえば、ツアー・タイトルに表示されているような当該募集型企画旅行契約における中核的な旅行サービスが不実告知により欠落したような場合には、出費の節約は原則的に否定され、旅行者が旅行業者に返還すべき現存利益は存しないと考えられる。

　すなわち、消費者契約法6条の2によると、取消しがあった場合に、消費者が事業者に返還すべき利益の範囲は、「現に利益を受けている限度」に限定されているところ、現存利益の解釈として、「当該契約を締結しなくても同種の旅行契約を結んでいたと考えられ、いずれにしても同様の金銭の出費をするはずだった」という事情がうかがわれない場合には、旅行者が受けた利益は、誤認惹起により旅行者の自己決定権を侵害して押し付けられた利得にすぎず、もはや利得は現存しないものとみてよく、旅行者は、取り消された契約によりすでに給付された旅行サー

50　平井陽一「旅行業の財務分析──労使関係理解の視点から」明大商学論叢90巻2号（2008年）11頁によれば、売上高から売上原価を引いて算出される「営業収益」（粗利または営業収入）は大手旅行業者平均でも約10%であるとされる。

ビスの対価を支払う必要はないと解するべきである。

　　(c)　非中核的な旅行サービスの欠落の場合

　契約締結過程で表示されていた旅行サービスが不実告知により欠落した場合でも、当該具体的な状況における当該消費者の意向、態度からみて、「当該欠落した旅行サービスが存在しない同種の旅行契約を結んでいたと考えられ、いずれにしても同様の金銭の出費をするはずだった」という事情がうかがわれる場合には、出費の節約がある。なお、出費の節約が認められるか否かについては、客観的に判定することはできず、当時の当該旅行者の意向がどのようなものであったかを踏まえた主観的な判定をすることになる。

　出費の節約が認められる場合には、当該欠落部分を除く既給付の旅行サービスから相応の利益を享受できたものとして、旅行者が受けた利益の程度に応じて旅行代金の実費部分（旅行代金から旅行業者の利潤分を控除したもの）に対する百分率をもって、旅行者が旅行業者に返還するべき金額を算定することになる。

　　(d)　食事代金

　募集型企画旅行契約について取消しがあった場合、旅行中の食事代金のうち通常の食費の範囲内といえる金額については、食事は日常の生活でも必要であるため、出費の節約に該当し、返還を要すると考えられる。

(5)　不実告知と債務不履行（契約不適合）の区別

　募集型企画旅行契約におけるパンフレットは、単なる広告ではなく、取引条件説明書面（旅行業法12条の4）であるとともに、契約成立後は契約書面（旅行業法12条の5）を構成する。

　契約締結過程で、パンフレットなどを通じて、旅行業者が旅行者に対して誤った情報提供をなし、その情報を信じた旅行者が募集型企画旅行契約を締結した場合には、不実告知による契約取消しの方向で旅行者を

保護する方法のほかに、旅行業者には当該情報どおりの旅行内容を提供する債務が生じており、その債務を履行しない場合には債務不履行責任ないし契約不適合責任を負うとして、旅行者を保護する方法がある。

　どのような場合に債務不履行（契約不適合）となり、どのような場合に消費者契約法上の不実告知となるのかの区別については、旅行業者が当該情報提供にかかるサービスを自己の債務として引き受けているのか否かによって、判断されることになる。すなわち、①パンフレットや最終日程表（契約書面）に記載された事項が、旅行業者みずから履行を引き受けるべき類型に属する事項（旅程の一部をなしている運送・宿泊等の個別の旅行サービスの「手配」に関する事項）であれば、旅行業者はパンフレットや最終日程表（契約書面）に記載されたとおりの債務を負担することになるが、②パンフレットや最終日程表（契約書面）に記載された事項が、旅行業者の管理支配が及ばない類型に属する事項（運送機関・宿泊施設等がその責任において提供する個別の旅行サービスに関する事項）であれば、旅行業者は、それをみずからの債務として引き受けているものではなく、旅行契約を構成することになる運送機関・宿泊施設等が提供する個別の旅行サービスの内容を適切に情報提供するべき義務を負っているにすぎないものと考えられる。

　要するに、①旅行業者が、パンフレットや最終日程表に記載のある運送・宿泊等の個別の旅行サービスの「手配」を怠った場合には、債務不履行責任（契約不適合責任）を負うことになり、②旅行業者が、パンフレットや最終日程表に表示されている運送・宿泊等の個別の旅行サービス提供業者のサービスの質・内容についての情報提供を誤った場合に

51　前掲（注20）大阪高判平成13・2・7参照。

52　この場合、債務不履行責任（契約不適合責任）と不実告知による意思表示の瑕疵とで制度間競合が生じる。旅行者は、債務不履行責任（契約不適合責任）を主張できるのはもちろん、不実告知取消しを主張することも、任意に選択して可能であると考えるべきである。

は、不実告知による取消しあるいは情報提供義務違反を理由とする不法行為による損害賠償請求を受けるにとどまることになる。[54]

53　東京地判平成15・10・29判例秘書は、ホテルのサービス内容等に関する旅行業者の説明義務について判示したものであるが、浴室の栓がない、トイレの水が流れない、清掃がされていないといった事実については、旅行業者が事前把握できない宿泊機関の提供するサービスの問題であり、説明義務違反はないとした。

54　大阪高判平成18・10・11判例秘書は、フィリピンへの入国の際、身体に入れ墨があるとして入国拒否を受けた旅行者が、旅行業者に対し、説明義務違反による損害賠償を求めた事案につき、入れ墨のような、ごく一部の者の人的属性にかかわる入国審査情報を網羅的に説明することは著しく困難であるとして説明義務を否定した。

募集型企画旅行契約の成立

第3

1　申込金

(1)　募集型約款の規定

(ア)　原　則

　旅行者が、旅行業者に対し、募集型企画旅行契約を申し込むには、原則として、①申込書に所定の事項を記入して提出すること、②申込金を支払うこと、が必要である（募集型約款5条1項）。

　募集型企画旅行契約の成立時期は、旅行業者が契約の締結を承諾し、申込金を受理した時であると規定されている（募集型約款8条1項）。

(イ)　通信契約の例外

　旅行者が、旅行業者に対し、通信契約の方法で募集型企画旅行契約を申し込むには、当該旅行の名称、旅行開始日、会員番号その他の事項を通知すること、が必要である（募集型約款5条2項）。

　通信契約とは、旅行業者が加盟店として提携するクレジットカード会社の会員たる旅行者が、旅行代金債務等をクレジット決済することをあらかじめ承諾して、電話、郵便、ファクシミリその他の通信手段により申し込んで締結する募集型企画旅行をいう（募集型約款2条3項）。

　通信契約は、申込金の授受は必要とされず、旅行業者が契約の締結を承諾する旨の通知を発した時に成立するとされているが、承諾通知の到達時に成立すると考えるのが正しい。電子承諾通知を発する場合は、当該通知が旅行者に到達した時に成立するとされている（募集型約款8条

2項)。

　通信契約の場合、旅行業者に対する旅行代金等の支払いは、旅行者名義のクレジット・カードにより、伝票への署名なくして行われる（募集型約款12条2項)。クレジット・カード決済をすることができないときは、旅行業者は旅行者の契約申込を拒否することができ（募集型約款7条5号)、承諾した場合でも旅行開始前に契約を解除することができる（募集型約款17条1項8号)。

(2)　申込金の法的性質

　理論的には、募集型企画旅行契約は、旅行者からの申込みと旅行業者の承諾によって成立する（民法522条1項)。約款条項は、契約成立前の段階、すなわち契約に組み入れられる前においては、単に事業者側が準備した契約用の文章にすぎず、旅行者を拘束するものではないから、標準旅行業約款の規定によって、民法の定める申込みと承諾による契約成立手続を左右することはできないし、契約の成立時期を定めることもできない。

　募集型企画旅行契約の成立には、申込金の受理が必要であるかのように規定されているが（募集型約款8条1項)、厳密には、申込金の受理は、募集型企画旅行契約の効力の発生についての停止条件であると考えられる。

　その意味で、「募集型企画旅行契約は、当社が契約の締結を承諾し、

55　募集型約款8条2項本文は、承諾につき発信主義を定める旧民法526条1項と同様の規定であるが、同項が削除された改正民法が施行された令和2年（2020年）4月1日以降は無効であり（約款改正が予定されている)、契約成立の時期は、到達主義を定める改正民法97条1項に基づき、旅行業者の承諾が旅行者に到達した時である。なぜなら、意思表示の成立にかかわる民法規定は強行規定であり、これと矛盾する合意は無効となるし、そもそも約款条項は、約款による契約成立前には相手方を拘束するものではなく、契約成立手続に関する約款条項は無意味だからである。

第 5 条第 1 項の申込金を受理した時に成立するものとします」（募集型約款 8 条 1 項）は、正確には、「募集型企画旅行契約は、当社が契約の締結を承諾した時に成立し、第 5 条第 1 項の申込金を受理した時に効力を発生するものとします」という意味であると理解しなければならない。

(3)　申込金の支払いが要求される趣旨

申込金の支払いが要求されている趣旨は、成約手付を約款上義務付けて、実質的に募集型企画旅行契約を要物契約化することにより、旅行者の契約意思を確実なものとし、契約を成立させる意思の希薄なまま旅行者が取消料の負担をすることがないように配慮することにある。

事実上の要物行為化により、その欠如を理由とする契約的拘束からの解放手段が旅行者には付与されているものであり、旅行者は、申込金の支払未了があれば、旅行契約の不成立を主張することができる。申込金未払いを理由とする旅行契約未成立の主張は、募集型約款16条 1 項による任意解除権の行使ではないから、この場合、旅行業者が募集型約款16条 1 項に定める取消料を請求することはできない。

通信契約におけるクレジット・カード決済も、上記の申込金の支払いが要求されているのと同様の趣旨で必要とされているものと理解しうる。

団体・グループの受注型企画旅行契約では、その旨の書面交付があれば申込金の授受なしに契約を成立させることができる（受注型約款23条）。手配旅行についても、書面による特約があるときは、申込金の授受なしに契約を成立させることができる（手配約款 8 条）。しかし、募集型企画旅行契約においては、このような例外規定は設けられておらず、契約成立（発効）には、必ず申込金の支払いないしはクレジット・カード決済が必要とされている。

(4)　申込金の充当

旅行契約においては、実務上、旅行代金は前払いとされており、申込

金は、旅行代金の一部に充当され、あるいは、募集型約款16条1項による任意解除権の行使の場合の取消料に充当される（募集型約款5条3項）。

2　予　約

予約とは、旅行業者の定める一定期間内に、旅行者が申込金の支払いまたは会員番号等の通知をしたときは、募集型企画旅行契約を成立させる旨の契約をいう。旅行者からの予約の申込みは、電話、郵便、ファクシミリ、インターネットその他の通信手段によってなされる。

予約が成立すると、旅行者には順位保全の効果のある予約完結権が付与され、予約をした者が申込金の提供またはクレジット・カード決済をしたときは、募集型企画旅行契約が成立し、その締結の順位は、当該予約の受付の順位による（募集型約款6条2項）[56]。

3　ウェイティング

ウェイティングとは、旅行者から募集型企画旅行の申込みがあった時点で、満室あるいは満席のため手配を確実にできないという理由で、旅行業者が直ちにその申込みを承諾せず、キャンセルが発生するなど手配が確実にできる状態になるまで承諾を留保する取扱いをいう。

ウェイティングの際、旅行業者は、部屋や座席のキャンセルが発生するなどして旅行契約の締結が可能になり次第申込み順に契約を成立させるため、申込時に申込金相当額を「申込金」ではなく「預り金」として収受する実務慣行がある。

56　東京地判平成23・12・1判時2146号69頁において、裁判所は、旅行業者が、ウェブサイトでの料金誤表示につき、訂正することなく、予約が成立していることを明示して旅行代金の支払いを求める旨の内容の電子メールを旅行者に送信したときは、旅行業者の錯誤の主張は許されず、旅行者には、予約完結権が発生し、申込金の支払い等を行って、一方的な意思表示により、当該料金誤表示の旅行代金の募集型企画旅行契約を成立させることができると判断した。

　ウェイティングの方式には、①あらかじめ申込金相当額を預かり、旅行契約が締結できるようになった時点で旅行業者が旅行契約の締結を承諾した旨を旅行者に通知するとともに、預り金を申込金に充当して旅行契約を成立させる方法と、②あらかじめ申込金相当額を預かり、旅行契約が締結できるようになった時点で、旅行業者から旅行契約を締結できる状態になった旨を旅行者に通知し、旅行者の承諾を得て預り金を申込金に充当して旅行契約を成立させる方法の二つがある。

　ウェイティングの取扱いに関する合意は、募集型約款1条2項の規定に基づく「書面による特約」であると考えられる。[57]②の場合には、旅行者に再考の余地が与えられる。

　観光庁は、「募集型企画旅行におけるウェイティングの取扱いについて」と題する通達を発出したが、その内容は、要約すると、①特約であることが明確になるよう取引条件説明書面に記載すること、②預り金を申込金に充当する時期および旅行契約の成立時期について明確にし、上記の二つの方法のいずれを採用したのかを明らかにすること、③契約はもとより予約も成立しておらず、ウェイティング不成立の場合には、取消料収受期間内においても、取消料を課すことなく、預り金の全額を払い戻すこと、等を明確にするよう求めるというものであり、旅行業者の実務もこれに従っている。

4　契約責任者

　契約責任者とは、募集型企画旅行契約の申込みにつき、「同じ行程を

---

[57]　東京地判平成24・11・22WLJは、クルーズ旅行の旅行説明会に参加した旅行者が、帰宅後、旅行業者から電話で勧誘され、クレジット・カード番号を伝えたところ、旅行業者はウェイティング登録をしたうえ、予約可能となった旨の通知をした事案である。旅行者は、旅行申込みをしたことはない旨主張したが、旅行業者は任意解約であるとして取消料を請求した。裁判所は、取引条件説明書の交付について判断することなく、旅行契約の成立を認めたが、疑義がある。

同時に旅行する複数の旅行者がその責任ある代表者」として定めた者をいう（募集型約款21条）。

　契約責任者は、標準旅行業約款により、特約なき限り、その団体・グループを構成する旅行者の募集型企画旅行契約の締結に関する一切の代理権を有しているものとみなされる（募集型約款22条）。

　募集型約款21条の「同じ行程を同時に旅行する複数の旅行者」とは、その文言どおりには解釈されておらず、「同一内容の旅行を<u>同一の機会に</u>旅行業者に申し込んだ旅行者」（下線は著者）の意味であるとされており、同一機会に同一の募集型企画旅行を申し込んだ複数の旅行者が、旅行契約締結について代表者を選定したときは、これをもって各旅行者からの代理権授与行為がなされたものとみなされ、当該代表者（契約責任者）は、旅行契約の締結に関して各旅行者の代理人となる。[58]

　しかし、契約責任者は、各旅行者の契約締結にあたっての代理人にす

---

[58]　東京地判平成21・7・30WLJにおいて、投資詐欺の被害者である旅行者らは、加害者から、旅行業者と特別なコネをもっており、安い旅行を特別な関係者だけに販売しているのを仕入れることができると誘われ、実際に、多数回、正規の旅行代金よりも安い旅行代金で当該旅行業者を通じて手配旅行に参加した。旅行者らは、旅行業者に対し、加害者から旅行申込みを受けた際に、旅行者ら本人に直接連絡をしなかったことは、加害者の不法行為を幇助するものであって違法であるとして損害賠償を請求した。これに対し、旅行業者は、加害者は「契約責任者」に該当するので、旅行業者には加害者以外の旅行者に対し直接連絡する義務はないとして争った。裁判所は、手配約款19条の要件を正確に事実認定しないまま、加害者を契約責任者であるとし、旅行業者において、契約責任者が旅行者に対して損害を加える意図を有していることを認識している等の特段の事情がある場合には、債務不履行責任の前提としての契約上の付随義務であるというか、不法行為責任上の前提としての信義則上の義務であるというかはともかく、旅行業者には旅行者の安全を確保する義務があるというべきであり、旅行者に直接連絡したり、そのような旅行の申込みを受け付けないようにする等の義務があると判断した（結論的には請求棄却）。この裁判例は、契約責任者は、民法上の代理人であり、代理権濫用法理（現行民法107条）の適用を受けることをまったく看過しており、その結論の妥当性はともかく、誤った判示をしているものである。

ぎず、旅行契約自体は、旅行業者と各旅行者との間に成立するものであるから、契約責任者が、他の旅行者の旅行代金の支払義務を負うわけではない。

5　旅行者の任意解除権

(1)　委任契約における任意解除権と費用・報酬支払請求権

(ア)　任意解除権

民法651条1項は、「委任は、各当事者がいつでもその解除をすることができる」と定め、民法651条2項は、「前項の規定により委任の解除をした者は、次に掲げる場合には、相手方の損害を賠償しなければならない。ただし、やむを得ない事由があったときは、この限りでない。

一　相手方に不利な時期に委任を解除したとき。

二　委任者が受任者の利益（専ら報酬を得ることによるものを除く。）をも目的とする委任を解除したとき。」と定めている。

委任契約において、このような委任者からの任意解除権が認められている趣旨は、①役務提供契約において役務受領者にとってその役務が不要となった後も役務提供者に役務の提供を継続させることは社会経済的に非効率であること、②委任が当事者間の人的な信頼関係を基礎として成り立っていることから、この信頼関係が失われた場合には、受任者にゆだねられた財産管理の権限を、委任者に回復すべきであること、③事業者と消費者との間で締結される有償の委任にあっては、委任が継続的契約であることを前提に、情報劣位にある消費者たる委任者が、給付の有益性に関する評価や将来における事情変更の可能性の計算が困難であるにもかかわらず、長期固定支出に拘束されることを阻止する必要があること、等に存する。

(イ)　費用・報酬支払請求権

受任者は、委任者に対し、委任事務を処理するための費用の前払いを

請求することができ（民法649条）、費用を立替支出したときは、その費用および支出の日以後における利息の償還を請求することができる（民法650条1項）。

また、有償の委任契約が、履行の中途で終了したときは、受任者は、すでにした履行の割合に応じて報酬を請求することができる（民法648条3項2号）。

(2)　旅行者の任意解除権の趣旨

募集型約款16条1項は、「旅行者は、いつでも別表第1に定める取消料を当社に支払って募集型企画旅行契約を解除することができます」と定めている。これを旅行者の任意解除権という。

募集型企画旅行契約は、標準旅行業約款上は準委任契約として法律構成されており、委任者である旅行者が任意解除権を有することは、民法の規定からも当然のことである。

また、旅行者の任意解除権（募集型約款16条1項）は、特に取消料収受期間前の時期に行使される場合を考えると、クーリング・オフとの類似性を想起せざるを得ない。現行法制度上のクーリング・オフは、いわゆる不意打ちによる販売方法に着目して設けられたもの（状況関連型クーリング・オフ）のほか、一定の取引対象が、内容の複雑性、給付・効果の不確実性、給付の無形性・不可視性などの要素をもち、消費者の確実な判断を妨げる傾向のある契約内容を有していることに着目して設けられたもの（取引対象型クーリング・オフ）があるとされる。[59]

旅行契約は、役務取引の典型であり、給付の無形性・不可視性・不確実性があるほか、旅行者側の要因としても、旅行日程に関して、都合がつかなくなったり健康状態が悪化したりという契約時には予想しがたい事情変更が発生しやすい。そうすると、取消料収受期間前の時期に行使

59　丸山絵美子「クーリング・オフの要件・効果と正当化根拠」専修法学論集79号（2000年）1頁。

される旅行者の任意解除権（募集型約款16条1項）は、取引対象型クーリング・オフと同様の基礎を有するものであり、消費者契約として締結されることの多い募集型企画旅行契約において、消費者の脆弱さを救済する制度の一つであると位置付けることも可能である。

(3)　取消料の法的性質

　募集型約款16条1項は、旅行者はいつでも「別表第1に定める取消料」を支払って企画旅行契約を解除することができるとしている。

　別表第1において取消料の収受開始時期および率については、国内旅行の場合は旅行開始日の前日から起算してさかのぼって20日目から20%以内（日帰り旅行にあっては10日目）、海外旅行の場合は、旅行開始日の前日から起算してさかのぼって30日目から10%以内（旅行開始日がピーク時のときは40日目）の額を収受できることとされている（国内募集型企画旅行の取消料につき〔表7〕、海外募集型企画旅行の取消料につき〔表8〕参照）。

〔表7〕　国内募集型企画旅行の取消料

開始前日起算	通常	募集型PEX約款
契約後解約		航空券取消料
20日目	20%	20%または航空券取消料（＊）
10日（日帰り）	20%	
7日目	30%	30%または航空券取消料（＊）
前々日		
前日	40%	40%または航空券取消料（＊）
当日解約	50%	50%または航空券取消料（＊）
当日無連絡	100%	100%

※　数字は「旅行代金の〇%以内」を意味する。
※　貸切船舶の場合、当該船舶に係る取消料規定による。
※　（＊）はいずれか金額が高い額。

〔表 8〕　海外募集型企画旅行の取消料

開始前日起算	出帰国航空機利用・ランドオンリー	ペックス	貸切航空機
契約後解約		航空券取消料	
90日目		航空券取消料	20%
40日目（ピーク時）	10%	10％または航空券取消料（＊）	
30日目	20%	20％または航空券取消料（＊）	50%
20日目			80%
3日目			100%
前々日	50%	50％または航空券取消料（＊）	
当日無連絡	100%	100%	

※　「ピーク時」とは、12月20日から1月7日まで、4月27日から5月6日までおよび7月20日から8月31日まで
※　3泊以上のクルーズ日程を含む場合（クルーズ開始日を旅行開始日と読み替え）
　　船舶宿泊数50%以上　通常取消料の2分の1
　　船舶宿泊数50%未満　通常取消料の4分の1
※　出帰国船舶利用の場合、当該船舶に係る取消料規定による。
※　（＊）はいずれか金額が高い額。

　旅行者の任意解除権（募集型約款16条1項）は、標準旅行業約款により特別に規定された約定解除権ではなく、民法上の委任契約に認められている法律上の任意解除権（民法651条1項）を、募集型企画旅行契約においてあらためて規定したものであると考えられる。

　このように考えた場合、任意解除権の行使に伴って支払いを要する取消料（募集型約款16条1項）の法的性質は、有償の委任契約の履行が中途で終了した場合における費用・報酬支払請求権（民法649条・650条1項・648条3項2号）を、募集型企画旅行契約において具体化・定型化し、損害賠償額の予定（民法420条1項）としたものであると考えられ

60
る。

　任意解除権に伴う取消料の額は、旅行代金に対する一定割合で定められ、その金額は旅行開始日が近づいた時期ほど高率に定められている（募集型約款16条 1 項・別表第 1 ）。

　その合理的根拠は、①旅行業者が募集型企画旅行契約の成立後、任意解除権が行使されるまでに、運送・宿泊等の旅行サービスの手配等の契約履行のためにすでに支出した費用、②解除時点から旅行出発日までの短期間で代替の旅行参加者を募集することを余儀なくされ、契約獲得の機会が減少したことによる旅行業者の営業上の逸失利益（民法651条 2 項の問題でない以上、正確には、「営業上の逸失利益を考慮した報酬額」というべきである）が、いずれも旅行出発日が近づくほど増加すること、に求められる。
61

　募集型約款16条 1 項にいう旅行者の任意解除権の法的性質は、委任の任意解除権（民法651条 1 項）であり、また、「別表第 1 に定める取消料」の法的性質は、有償の委任契約の履行が中途で終了した場合における費

60　募集型企画旅行契約は、単なる有償委任にすぎず、受任者である旅行業者の利益をも目的にした委任ではないから、取消料（募集型約款16条 1 項）の法的性質は、民法651条 2 項にいう相手方への損害賠償ではないと考えられる。

61　一定割合の取消料が定められている期間の最終日が旅行業者の定休日に該当する場合には、民法142条が類推適用される結果、当該期間がその翌日まで延長され、当該定休日に申し出られた任意解除の意思表示による取消料の金額については、当該期間における取消料率により算定され、その次の段階のより高率の取消料率によって算定されるものではないと実務上取り扱われている（「苦情事例に学ぶ⑭」じゃたこみ2016年10月号13頁）。取消料の法的性質が、有償委任の履行が中途終了した場合における費用・報酬支払請求権であるとすれば、旅行業者が自ら定休日を設定して営業をしていない場合には、委任契約の履行による費用も発生しないし、契約獲得の機会が減少したともいえないのだから、定休日に解除通知が到達したのと同じ扱いがなされれば、補償として十分である。旅行業者の定休日は国民の休日ではない点で民法142条の類推適用という法律構成には疑義があるものの、上記の実務的取扱いは適切なものであると考えられる。

用・報酬支払請求権（民法649条・650条 1 項・648条 3 項 2 号）であると考えられるから、手付解除の場合とは異なり、旅行者の任意解除権の効力発生には、解除の意思表示のみで足り、取消料の現実の提供を必要としないと考えるべきである。[62]

(4)　「平均的損害」論

　解除に伴う平均的損害額（同種の消費者契約の解除に伴い当該事業者に生ずべき平均的な損害額）を超える損害賠償額の予定・違約金支払義務を消費者に負担させる条項は、当該超える部分につき無効とされている（消費者契約法 9 条 1 号）。

　消費者契約法 9 条 1 号は、消費者は、情報の質および量並びに交渉力の構造的格差のため、事業者が提示する取消料に関する契約条項について、対等の立場で交渉することができない地位にあることを前提に、不当条項規制の一環として設けられた特別規定であり、①証明負担の軽減のために事業者が損害賠償額の予定することは認めつつも、その予定額が民法上本来認められる実損害（契約履行の場合の経済状態と契約が解除された場合との差額）の賠償額を超えてはならないことを要請しているものであり、②さらに解約金の上限額に制限を加え、消費者契約においては同一の事業者が多数の消費者と同種の契約を締結することが当然に想定されているから、特定の消費者と締結した当該契約の解除に伴って、当該事業者が被る損害は、その額すべてについて当該消費者から賠償を受ける必要はなく、多数の同種契約全体の中で平均的に損害が填補

62　三浦・前掲（注10）105頁は、「取消料を支払って解除の意思表示をすることにより初めて募集型企画旅行契約は有効に解除されるものであって、解除の意思表示のみで契約が解除され、その時点における取消料支払債務が旅行者に発生するものではない」としており、私見とは反対の見解に立つ。なお、この点の見解の相違は、任意解除権が行使された場合の前払い旅行代金の振込返金についての振込手数料を旅行者負担とすることが許されるかという問題の解決に影響する可能性がある（「苦情事例に学ぶ(71)」じゃたこみ2019年 3 月号13頁）。

されれば十分であるところから、「平均的損害額」を解約金の上限として定め、③事業者が、過大な解約金の定めを、消費者の契約からの離脱を事実上阻止するための枷として利用することを許さず、消費者が履行の継続を望まない契約から離脱する自由をできる限り尊重する趣旨のものである。

　ここでいう「平均的損害額」とは、解除の事由、時期等により同一の区分に分類される複数の同種契約について、その解除に伴って当該事業者に生じる損害額の平均値を意味する。

　平均的損害を算定するにあたっては、①消費者にとっての「給付なければ対価なし」の原則、すなわち、「給付が提供されなければその対価を支払う必要はない」との原則、②消費者の解約の自由の尊重、すなわち、消費者が過大な解約金の定めによって、望まない契約から離脱する自由を妨げられるべきではないとの観点、③事業者の消費者に対する損害軽減義務、すなわち、事業者は、解除によって履行義務を免れた反対給付を、合理的注意を尽くして市場で売却し、損害の発生を縮小するべき義務があるとの観点、を考慮する必要がある。

　解除に伴う損害額は、①事業者が解除前にすでに支出した費用と、②契約が解除なしに履行された場合に得られるであろう利益の合算額から、③解除によって履行義務を免れた反対給付を市場で換価しまたは換価し得べき額を控除して、算出される。平均的損害は、この損害額を、解除の事由、時期等により同一の区分に分類される複数の同種契約の数で除した金額となる。

　ただし、事業者が自己の債務を履行する前に契約が解除され場合に、事業者が消費者に請求することのできる損害賠償額は、給付されていない目的物の対価を請求することはできないとの原理（「給付なければ対価なし」の原理）が働く。したがって、契約履行前の段階で解除がなされた場合、平均的損害の額は、原状回復的賠償に限定され、原則として、

契約の締結および履行のために通常要する平均的必要経費の額にとどまる。

　標準旅行業約款の取消料規制は、契約解除に伴う損害賠償額の予定であり、そこで定められている取消料の額は、平均的損害を超えないものと一応理解されている。ただし、現行の取消料表において、旅行開始後の取消料率は、旅行代金の100％以下とされているが、たとえば長期間の旅行の場合において、旅行開始後であるという理由だけで全行程に要する旅行代金を全部旅行業者が没収するような取扱いは、「平均的損害」を超えている疑いが濃い。[63]

6　旅行業者の最少催行人員不達成による解除権

　旅行業者は、契約書面所定の最少催行人員が集まらなかった場合、その旨を説明して、企画旅行契約を解除することができる（募集型約款17条1項5号）。ただし、解除の通知は、旅行の種類に応じて、旅行開始日の前日から起算してさかのぼって、〔表9〕の時期までになされなければならない（募集型約款17条3項）。

〔表9〕　最少催行人員不達成による解除通知の時期

旅行の種類	旅行開始日の前日から起算
国内旅行（日帰り）	3日前
国内旅行（1泊2日以上）	13日前
海外旅行（通常時）	23日前
海外旅行（ピーク時）	33日前

　旅行者による任意解除権（募集型約款16条1項）と、旅行業者による

63　当該個別事案における取消料表の援用が、消費者契約法9条1号に抵触して、平均的損害額を超える取消料の収受は許されなくなると考えるべきである。

最少催行人員不達成を理由とする解除権（募集型約款17条 1 項 5 号）とは、いずれも旅行契約成立後における自己都合による解除であり、これらの解除権を取消料の負担なしに行使しうる期限は、均衡上、同一であることが望ましい。[64]

　しかし、取消料が課される直前に旅行者による任意解除が集中する状況があったため、取消料発生日以降、旅行業者に一定の事務整理期間が必要であるとの考え方から、取消料発生日（出発30日前）から 7 日間をおいて、最少催行人員不達成の場合の解除権行使期限（出発23日前）を定めたという経緯がある。[65]

64　森嶋秀紀「パック旅行契約における約款のあり方——標準旅行業約款募集型企画旅行の部を中心に」現代消費者法38号（2018年）22頁は、募集型ペックス約款が利用された場合には、旅行業者による最少催行人員未達による解除権の行使期限と、旅行者による取消料の負担なしの任意解除権の行使期限の均衡が崩れることを指摘し、その不均衡是正を旅行業者による最少催行人員未達による解除行使期限の前倒しによって解消することを提言している。

65　廣岡・前掲（注13）31頁。

第4　募集型企画旅行契約における旅行業者の債務と責任

1　総　論

　募集型企画旅行契約を締結した旅行業者は、旅行者に対して、①手配完成債務、②計画遂行債務、③旅程管理債務、④安全確保義務、⑤旅程保証責任、⑥特別補償責任を負担する（募集型企画旅行契約における旅行業者の債務につき〔表10〕参照）。

〔表10〕　募集型企画旅行契約における旅行業者の債務

名称	内　容	根拠条文
手配完成債務	旅行者が旅行計画に定められた運送・宿泊サービス等の提供を受けることができるように、旅行開始前にこれらを手配するべき債務	旅行業法12条の10、旅行業法施行規則32条1号、募集型約款3条
計画遂行債務	旅行計画に定められた旅程（旅行の目的地および日程）や運送・宿泊サービス等の提供を、計画どおりに完遂するべき債務	旅行業法12条の10、旅行業法施行規則32条2号・32条4号、募集型約款2条1項・23条1号
旅程管理債務	当初策定された旅行計画どおりの旅行ができない事情が生じた場合に、できるだけ計画に沿った旅行サービスの提供を受けられるよう必要な措置を講じ、また、必要な措置を講じたにもかかわらず旅行内容を変更せざるを得ないときは、最小の費用増加で、できるだけ契約内容の変更を最小限にとどめるような代替サービスを手配するべき債務	旅行業法12条の10、旅行業法施行規則32条3号、募集型約款3条・13条・23条

101

安全確保義務	旅行中の旅行者の生命・身体・財産等の安全を確保するため、旅行目的地、旅行日程、旅行行程、旅行サービス機関の選択等に関し、あらかじめ十分に調査・検討し、専門家としての合理的な判断をし、また、その契約内容の実施に関し、遭遇する危険を排除すべく合理的な措置をとるべき義務	判例上認められた義務、募集型約款27条
旅程保証責任	契約内容の重要な変更が生じた場合に、旅行業者の帰責事由の有無を問わず、旅行代金に一定の率を乗じた額の変更補償金を支払う制度	募集型約款29条
特別補償責任	企画旅行参加中の急激かつ偶然な外来の事故による旅行者の身体傷害（細菌性食中毒を除く）および手荷物損害に対し、旅行業者の帰責事由の有無を問わず、一定の補償金・見舞金を支払う制度	募集型約款28条

2　手配完成債務

(1)　概　念

　募集型企画旅行契約における旅行業者の手配完成債務とは、旅行者が旅行計画に定められた運送・宿泊等の旅行サービスの提供を受けることができるように、旅行開始前にこれらを手配するべき債務をいう。

　手配とは、旅行業者が、旅行者に対し、旅行計画に定められた運送・宿泊等の旅行サービスを、正当に受領することのできる地位を取得させることをいう。その方法には、旅行者を運送機関・宿泊施設等との間の旅行サービス提供契約における債権者の地位に付ける場合（媒介・代理）と旅行者に旅行サービス提供契約におけるサービス給付の履行請求権を取得させる場合（取次、第三者のためにする契約）がありうる。

(2)　規定上の根拠

　手配完成債務の法令上の根拠規定は、旅行業法12条の10[66]、旅行業法施行規則32条1号[67]である。

102

また、手配完成債務は、標準旅行業約款上は、募集型約款 3 条に根拠
づけられる。

(3)　理論上の根拠

手配完成は、旅行者に運送・宿泊等の個別の旅行サービスの受領を可
能とするための準備行為であって、旅行計画に沿った旅行を実現するた
めに不可欠であるとともに、旅行契約の対価である旅行代金は手配完成
のための費用（民法649条）であるとも評価できるから、当然に、旅行業
者が募集型企画旅行契約に基づき負担する債務となる。

(4)　法的性質

㋐　結果債務と手段債務

契約に基づく債務には、結果債務と手段債務があるとされている。

結果債務、すなわち、債務者が結果の実現まで約束した（目的達成が
契約内容となっている）場合には、結果が実現しなかったときは、これ
が不可抗力によらない限り債務者の帰責事由のある債務不履行である。

手段債務、すなわち、債務者が結果の実現に向けて合理的に尽力する
ことまでしか約束していない（合理的な注意をもって目的達成をめざすこ
とが契約内容となっているにすぎない）場合には、債務者の具体的行為義

66　旅行業法12条の10は、「旅行業者は、企画旅行を実施する場合においては、旅行
　者に対する運送等サービスの確実な提供、旅行に関する計画の変更を必要とする
　事由が生じた場合における代替サービスの手配その他の当該企画旅行の円滑な実
　施を確保するため国土交通省令で定める措置を講じなければならない」（下線は著
　者）と規定する。
67　旅行業法施行規則32条 1 号は、「旅行に関する計画に定めるサービスの旅行者へ
　の確実な提供を確保するために旅行の開始前に必要な予約その他の措置」を要求
　している。
68　募集型約款 3 条は、「当社は、募集型企画旅行契約において、旅行者が当社の定
　める旅行日程に従って、運送・宿泊機関等の提供する運送、宿泊その他の旅行に
　関するサービス（以下『旅行サービス』といいます。）の提供を受けることができ
　るように、手配し、旅程を管理することを引き受けます」（下線は著者）と規定す
　る。

務を確定したうえで、その違反があれば債務不履行となり、合理的な注意を尽くしたにもかかわらず結果が実現しなかったときは債務不履行とはならない。

㈡　手配完成債務の結果債務性

募集型企画旅行契約における手配完成債務は、結果債務としての性格をもつ。旅行業者は「手配の完成」という目的達成を請け負っているものであり、旅行計画の実施に必要な運送機関や宿泊施設を予約し確保する義務を負っており、手配ができなかった場合には、不可抗力による場合を除き、旅行業者は債務不履行責任を負う。[69]

手配完成債務が結果債務としての法的性質を有することは、募集型企画旅行契約においては、①旅行業者は、手配完成についての確実性の判断を、契約成立前における旅行計画の作成と一体的に行うことが可能であり、また、②手配の完成は、旅行代金と対価的均衡を保つことがあらかじめ計算された給付であることから、根拠づけられる。

すなわち、募集型企画旅行においては、①旅行計画は、契約成立前に旅行者の関与なしに旅行業者が一方的に作成するから、旅行計画に組み込まれる運送・宿泊等の旅行サービスの手配が確実に可能であることを確認することは、旅行業者にとって容易であるとともに、②募集にかかる旅行計画に組み込まれた旅行サービスの手配を現実に行うことは、旅行代金と対価的均衡を有する給付であって、旅行に関する専門家として消費者から寄せられる信頼に基づき営業をしている旅行業者の最小限の責務であるといえるから、旅行業者は、請負的な性質を有する手配完成債務を負い、手配をしなかったときは、不可抗力による場合を除き、債務不履行責任を負うことになる。[70・71・72]

69　三浦・前掲（注31）55頁〜 56頁。

(5)　手配完成債務の履行期と危険の移転

(ア)　手配完成債務の履行期

　手配完成債務の履行期は、旅行開始時である。

　その理由としては、①手配完成債務の根拠条文である旅行業法施行規則32条1号が、「旅行に関する計画に定めるサービスの旅行者への確実な提供を確保するために旅行の開始前に必要な予約その他の措置」との文言を用いていること、②標準旅行業約款で、完成した手配の内容を示す確認書面（旅程日程表）は遅くとも旅行開始日までに交付することが義務付けられており（募集型約款10条1項）、その交付がない場合には旅行者は取消料の支払いなしに旅行契約を解除しうるとされていること（募集型約款16条2項4号）を指摘することができる。

70　東京高判昭和55・3・27判タ415号117頁は、海外募集型企画旅行において、旅行日程表では往復路の航空機とも北回り便が予定されていたが、旅行業者がいったん手配した復路の北回り便航空券についてオーバーブッキングを理由とする発行取消しがあったため、復路は南回り便の航空機しか手配できなかった。ところが、旅行業者は、上記の日程変更が出発前のことであったにもかかわらず、旅行者に日程変更を告げなかったという事案についてものである。裁判所は、旅程変更により予定されていたローマ観光もできず、また南回り便は経由地が多く機内待ち時間も多く、離着陸の回数が増加することによる事故発生、ハイジャック事件の可能性もあったとして、債務不履行を理由として5万円の慰謝料を認容した。

71　東京地判平成23・9・13WLJにおいて、募集型企画旅行で、旅行日程として予定され、口頭でも確認されていたピョートル大帝夏の宮殿内部の入場観光が実施されなかったことにより精神的苦痛を被ったとして、旅行者が、旅行業者に対し、損害賠償を求めた事案で、裁判所は、旅行業者が入場観光の実施を手配すべき債務の不履行をしたとして旅行代金の1％に相当する2000円について請求を認容した。

72　東京地判平成9・4・8判タ967号173頁において、新婚旅行として海外募集型企画旅行に参加した旅行者が、旅行日程上はクルーザーでの移動が予定されていたにもかかわらず、無断で小型水上飛行機での移動に変更されたとして旅行業者に債務不履行による損害賠償を求めた事案で、裁判所は旅行業者の手配ミスを認め、夫婦に各15万円の慰謝料を認容した。

㈦　危険の移転時期

(A)　給付危険と対価危険

　給付危険とは、「契約の目的物が当事者の帰責事由によらずに滅失または損傷した場合に、なお他から調達するなどして給付義務を履行しなければならないという債務者が負担する危険」をいい、対価危険とは、「双務契約において、一方の債務の目的物が当事者の帰責事由によらずに滅失または損傷した場合に、反対給付を得ていないにも拘らず、自分の給付は行わなければならないという相手方が負担する危険」をいう。

　民法567条1項は、「売主が買主に目的物（売買の目的として特定したものに限る。以下この条において同じ。）を引き渡した場合において、その引渡しがあった時以後にその目的物が当事者双方の責めに帰することができない事由によって滅失し、又は損傷したときは、買主は、その滅失又は損傷を理由として、履行の追完の請求、代金の減額の請求、損害賠償の請求及び契約の解除をすることができない。この場合において、買主は、代金の支払を拒むことができない」と規定しており、この規定は、有償契約に準用されている（民法559条）。

　売買契約にあっては、給付危険および対価危険の移転時期は、いずれも目的物の引渡時であると解されている。すなわち、給付危険は引渡しまでの間は売主が負担しているが、引渡後の滅失損傷について売主は再調達義務（およびその費用負担）を負わない。対価危険については、引渡しまでの間に売主の手元で目的物が滅失損傷したときは買主は代金支払いを拒絶し、あるいは契約を解除することができるが、引渡後に買主の手元で目的物が滅失損傷したときは買主は代金を支払う必要がある。

(B)　募集型企画旅行契約における危険の移転時期

　募集型企画旅行契約にあっては、対価危険および給付危険の移転時期を画する売買契約における「引渡し」（民法567条1項）に相当するのは、「運送・宿泊等の旅行サービスの提供の開始」である。

　契約当初に対価危険および給付危険を負担しているのは旅行業者であるが、これが「運送・宿泊等の旅行サービスの提供の開始」により旅行者へと移転するものと考えられる。したがって、募集型企画旅行契約における対価危険および給付危険の移転時期は、運送・宿泊等の旅行サービスの提供の開始時期である旅行開始時であると考えられる。[73]

　対価危険についてみれば、旅行開始前に、予定されていた旅行計画に従った旅行の安全かつ円滑な実施が不可能となり、または不可能となるおそれが極めて大きいと考えられる事情が生じたときは、旅行者は、取消料の支払いなしに募集型企画旅行契約を解除することができるが（募集型約款16条2項3号）、旅行開始後に、旅行者の帰責事由によらず契約書面に記載された旅行サービスを受領することができなくなったときは、旅行者は、既履行の旅行サービスの対価や未履行の旅行サービスの取消料を支払わなければならない（募集型約款16条3項・4項）。このような規定からみて、募集型企画旅行契約における対価危険の移転時期は、「運送・宿泊等の旅行サービスの提供」の開始時である旅行開始時であると考えられる。

　次に給付危険の移転時期については、対価危険の移転時期と同時であると考えるべきであること、また、旅行業者が募集型企画旅行契約において負担する最も基本的な債務である手配完成債務の履行期が旅行開始時であることから、旅行開始時であると考えるべきである。

　したがって、募集型企画旅行契約を締結した旅行業者が、旅行開始前において、いったん運送機関・宿泊機関に予約を入れて手配完成債務を履行したが、運送機関・宿泊機関のオーバーブッキング等の旅行業者の

73　「旅行開始時」とは、特別補償規程2条3項にいう「サービスの提供を受けることを開始した時」と同義であり、添乗員が受付を行う場合はその受付完了時、受付がない場合で、たとえば最初の運送機関が航空機なら「乗客のみが入場できる飛行場構内における手荷物の検査等の完了時」である。

責めに帰することができない事由により、当該予約がキャンセルされてしまった場合でも、旅行業者には旅程管理債務に基づく再度の手配完成義務が生じ、別の運送機関・宿泊機関を予約しなければならないが、当該再度の手配（再調達）について増加費用の負担があったとしても、旅行代金の増額は許されない（募集型約款16条 4 項参照）。[74]

(6)　募集型企画旅行契約における旅行者の地位

(ア)　総　論

旅行業者の「手配」によって、旅行者は、旅行サービスを正当に受領することのできる地位を取得する。

このような「旅行サービスを正当に受領することのできる地位」には、①旅行者が、旅行サービス提供契約における契約当事者（債権者）として、旅行サービス提供業者が提供する役務給付の受領権限を有する場合と、②旅行業者が契約当事者となって旅行サービス提供契約を締結するが、旅行者が、旅行サービス提供業者が提供する役務給付の受領権限を有する場合がありうる。[75]

一般的に、「手配」によって、第三者を介しての役務提供を行うための法的手段としては、代理、媒介、取次があるとされてきた。[76]

そこで、代理、媒介、取次という法律構成を契機に、手配によって取

74　宮川不可止「募集型企画旅行における手配債務、旅程管理債務」法時80巻 2 号（2008年）93頁は、「旅程管理債務と手配債務とが交錯することがあり、出発の前に旅行者がサービスを受けることができないおそれがあると認められるときに、「代替宿泊機関（ホテル等）を手配するのは、手配債務の履行であり、また、旅程管理債務の履行であるともいえる」と指摘する。

75　募集型企画旅行契約においては、旅行業者が旅行サービス提供業者との間で仕入取引たる運送・宿泊等のサービス提供契約を締結する際、第三者である旅行者が不存在または未特定である可能性があるが、そのために効力を妨げられることはない（民法537条 2 項）。

76　旅行業法 2 条 4 項は「企画旅行契約」を定義しているが、そこでは代理・媒介・取次といった文言は一切出てこない。

得される旅行者の法的地位について、あらためて考察する。

　(イ)　代理・媒介・取次

　　(A)　旅行者のための代理

　手配の手段として、旅行業者が、旅行者から代理権の授与を受け、旅行業者が代理人として運送機関・宿泊施設等の旅行サービス提供業者との間で、旅行サービス提供契約を締結することが理論的には考えられる。この場合、旅行サービス提供契約の契約当事者は、旅行者である。[77]

　しかし、代理による本人帰属効の発生には、代理権授与が必要であるところ、標準旅行業約款には、旅行者が、旅行業者に対して、旅行サービス提供契約について代理権を授与する旨の規定は存在しておらず、また、旅行契約締結時に、どの旅行サービス提供業者との間の契約締結について代理の手法がとられるかの明示もないものであって、旅行者が旅行業者による濫用の危険を引き受けて包括的に代理権授与の意思表示をしているものとみることは到底できない。

　また、情報通信手段が高度に発達した現代においては、隔地者間取引であっても、表意者が直接に相手方に対して意思表示をすることが可能であり、運送・宿泊等の旅行サービス提供契約というような定型的な契約の締結につき、わざわざ裁量の余地をもって自主的に行動する代理人を選任するべき合理的理由はない。

　したがって、手配のための法的手段として、通常の場合、「旅行者のための代理」の手法がとられているとは解されない。

　　(B)　旅行者のための媒介

　媒介とは、準委任契約たる仲立契約に基づき、他人間の法律行為の締

---

[77]　旅行者がみずから契約当事者として運送機関・宿泊施設等の旅行サービス提供業者との間で、旅行サービス提供契約を締結する場合、旅行者は、旅行サービス提供契約における債権者の地位に基づき旅行サービスを受領することのできる地位を取得するが、その反面、旅行サービスの対価の支払義務をみずから負担することになる。

結に尽力する事実行為をいう。

　手配の手段として、旅行業者が、旅行者から契約交渉の委託を受け、旅行業者が媒介受託者として運送機関・宿泊施設等の旅行サービス提供業者との間で、旅行サービス提供契約が締結されるように尽力すること（媒介）はありうる。この場合、旅行サービス提供契約の契約当事者は、旅行者である。媒介の場合、旅行者は、運送・宿泊等の旅行サービスを提供する事業者との間で、直接契約をしていることになるため、万一、旅行業者が旅行者からの委任の任務に背いて、旅行サービス提供業者に対する代金の支払いを済ませていない場合には、旅行者がその代金の支払いをしなければならない立場に陥るとも考えられる（株式会社てるみくらぶの倒産時には、実際にこのような請求を受けた旅行者もいた）。しかし、旅行者が二重払いを強いられるのは、不当である。[78]

78　旅行業者の媒介によって、旅行者との間で旅行サービス提供契約を締結した運送・宿泊等の旅行サービス提供業者は、旅行業者が旅行者との間の募集型企画旅行契約に基づき媒介をしていることを、知りまたは知ることができたと考えられる。旅行業者と提携して継続的反復的に多数の旅行者との間で契約媒介を受け、旅行業者から直接代金の支払いを受けることにより確実に販売収益を上げる方法で旅行業者と共同の利益を享受してきた旅行サービス提供業者が、旅行業者からの代金の支払いが途絶える事態となるや、旅行者との間で旅行サービス提供契約を締結しているという法形式を奇貨として旅行者に代金を請求して損失を転嫁することは、利益の帰すところ損失もまた帰すとの報償責任の思想に合致せず、信義則に反する。

　最判平成10・4・30集民188号385頁は、下請加工業者と提携しつつ、当該下請加工業者から宅配便によって宝石類が運送されることを認容していた荷受人に信義則の適用により高価品の免責条項の効果が及ぶと判断し、また、最判平成5・10・19民集47巻8号5061頁は、建物建築請負において元請業者が倒産した場合、注文者は、元請業者との間での中途解約の場合の出来形の所有権は注文者に帰属する旨の約定を、元請契約の存在と内容を前提として元請業者の履行補助者的立場で工事に関与するに至った下請業者にも主張しうると判断している。このような最高裁判決からは、複数の事業者が提携している場合、その一方に対する特約は、他方に対しても信義則上対抗することができるとの考え方がうかがえる。

　旅行業者と旅行サービス提供業者は互いに継続的反復的に提携して利益を上げ

(C)　旅行者のための取次

　取次とは、他人の計算（取引の経済的効果が委託者に帰属すること）により、自己の名をもって（受託者が契約当事者として権利義務の主体となること）、法律行為をすることを引き受けることをいう。

　取次の場合、運送機関・宿泊施設等の旅行サービス提供業者との間で旅行サービス提供契約を締結するのは旅行業者であって、旅行者は旅行サービス提供契約における契約当事者とはならない。[79]

　取次の場合、旅行者は、旅行サービス提供契約における旅行サービスを受領することのできる地位を取得するが、契約当事者ではないがゆえに、旅行サービスの対価の支払義務をみずから負担することはない。

　取次の実例としては、旅行業者とバス会社との間で、旅客の貸し切り運送契約を締結する場合があるとされている。

　このような取次の手法がとられた場合の旅行者の地位については、第

る密接な提携関係を形成していたものであり、旅行者は、その提携関係の構成員の一人である旅行業者に対する旅行代金の支払をもって、他方の構成員である旅行サービス提供業者に対抗することができると考えるべきである。
　その根拠は、上記最高裁判決を踏まえて信義則（民法1条2項）に求めることができるが、通常の場合、旅行サービス提供業者は、旅行業者による媒介を受けると同時に、旅行業者に対し、旅行サービス提供契約上の代金についての弁済受領権限を与えているものと解して、旅行者は、旅行業者に対する旅行代金の支払いをもって、旅行サービス提供契約上の代金も支払済みであることを主張しうると考えるべきである。
79　旅行者が消費者の場合、媒介であれば消費者が契約当事者となるため、消費者契約法の適用を受けることができるが、取次の方式で旅行業者が旅行サービス提供契約の当事者となった場合には、このような消費者契約法上の保護は失われることになる。募集型企画旅行契約の場合には、旅行者は、旅行業者が「仕入れ」した旅行サービスを享受する、いわば既製品たる旅行商品の売買であるから、旅行者に消費者契約法上の地位を保障すべき必然性はないと考えられるが、手配旅行の場合に、消費者たる旅行者の依頼によって、媒介ではなく取次の方法で手配をした場合、旅行業者は、消費者契約法上の地位を喪失させたことについて、場合によっては法的責任を負うことがあると考えられる。

三者のためにする契約における受益者としての地位と似ているが同じではないとされる。[80]

　取次の手法により手配を受けた旅行者は、運送・宿泊契約等における契約当事者ではなく、役務給付の代理受領者にすぎないものであり、そのままでは旅行サービス提供業者に対しては、権利を行使することはできないはずである。

　しかし、商法552条2項は、問屋と委託者との間の関係について代理に関する規定を準用すると規定しているため、準問屋（商法558条）である取次をした旅行業者が取得した、旅行サービス提供事業者に対する債権は、民法646条2項の「受任者は、委任者のために自己の名で取得した権利を委任者に移転しなければならない」の規定においては必要とされている特別の移転行為を必要とせず、旅行者に帰属することになる。取次をした旅行業者は、履行担保責任（商法553条）を負い、旅行サービス提供業者がその債務を履行しないときは、自らその履行をする責任を負う。

　そうすると、取次においては、旅行サービス提供事業者の不履行があった場合、旅行者は、旅行サービス提供事業者と旅行業者のいずれに対しても損害賠償請求権を行使することができることになる。

　　(ウ)　第三者のためにする契約

　手配の本質は、旅行者を旅行サービスを正当に受領することのできる

80　宮川・前掲（注11）254頁は、旅行者から依頼を受けて旅館との間で宿泊契約の取次がなされた場合の法律関係につき、「宿泊契約の当事者は旅行業者と旅館の二者である。そして、……宿泊契約の経済的効果（経済的利益享受および負担）は、他人の計算によるのであるから旅行者に帰属する。したがって、法的に旅行者に宿泊請求権はなく、旅館の宿泊料金請求権は旅行者に対してではなく、旅行業者に対して有する関係になる。しかし、旅行者は宿泊契約の経済的効果が帰属する以上、当事者の地位にたたなくとも、事実上、宿泊できるのである。旅行業者は、履行担保責任（商法553条）を負い、善管注意義務を負う。取次は、第三者のためにする契約（民法537条）と類似するが、法効果は同一ではない」としている。

地位に付けることにあり、その方法としては、代理・媒介・取次のほかに、第三者のためにする契約がありうる。[81]

　第三者のためにする契約の方法によって手配がなされた場合には、旅行業者が契約当事者となって旅行サービス提供契約を締結するが、旅行者は、第三者のためにする契約における受益者として、旅行サービス提供業者が提供する役務給付の受領権限を有することになる。[82]

　代理構成については、旅行者に一般的には代理権授与の意思があるとは考えられないという難点があり、媒介構成については、旅行者が旅行サービス提供業者に対しサービス代金の支払義務を直接負担することになるという難点があり、取次構成については、旅行業者が思いもかけず履行担保責任という重い責任を負うことになりかねないのであって、募集型企画旅行契約における手配完成債務の履行のための法的手段としては、一般的には第三者のためにする契約の方法がとられていると解するのが適当である。

3　計画遂行債務

(1)　概　念

　募集型企画旅行契約における旅行業者の計画遂行債務とは、旅行計画に定められた旅程（旅行の目的地および日程）や運送・宿泊等の旅行サービスの提供を、計画どおりに実施するべき債務をいう。

81　岡林伸幸「非典型契約の総合的検討⑿旅行契約」NBL941号（2010年）53頁によると、ドイツの旅行契約法では、旅行業者と宿泊・運送等の旅行サービス提供業者との法律関係は第三者のためにする契約と解されており、旅行者は旅行サービス提供事業者に対し固有の履行請求権を有しているとされる。

82　募集型企画旅行契約においては、旅行業者が旅行サービス提供業者との間で仕入取引たる運送・宿泊等のサービス提供契約を締結する際、第三者である旅行者が不存在または未特定である可能性があるが、そのために効力を妨げられることはない（民法537条2項）。

　募集型企画旅行契約において、旅行業者は、事情変更のない限り、旅行計画を忠実に実施しなければならず、目的地を日程どおりに来訪のうえ、旅行者が運送・宿泊サービス等の提供を受けることができる状態にしなければならない。

　たとえば、旅行業者が、募集型約款13条所定の要件の具備もないのに、最終日程表にＡホテル宿泊と明記されているのにＢホテルへの宿泊に変更してしまったり、添乗員の独自の判断で旅行計画においては下車観光とされている観光地を車中観光に変更してしまうこと等は、計画遂行債務の不履行となる。[83]

(2)　規定上の根拠

　計画遂行債務の法令上の根拠規定は、旅行業法12条の10[84]、旅行業法施行規則32条2号[85]・4号[86]である。

83　岐阜地判平成21・9・16判例秘書において、海外募集型企画旅行で観光地で見学した後、専用バスにて他の観光地に向かうにあたり、添乗員が旅行参加者全員がバスに乗り込んだかの点呼をすることなく出発してしまい、土産物屋に寄っていた旅行者の1人を置き去りにした（ただし、別の日本人旅行者の車に同乗できたため3分ほど遅れて合流することができた）という事案につき、裁判所は、旅行業者の不法行為責任（民法715条）を認め、50%の過失相殺をして、慰謝料1万5000円を認容した。

84　旅行業法12条の10は、「旅行業者は、企画旅行を実施する場合においては、旅行者に対する運送等サービスの確実な提供、旅行に関する計画の変更を必要とする事由が生じた場合における代替サービスの手配その他の当該企画旅行の円滑な実施を確保するため国土交通省令で定める措置を講じなければならない」（下線は著者）と規定する。

85　旅行業法施行規則32条2号は、「旅行地において旅行に関する計画に定めるサービスの提供を受けるために必要な手続の実施その他の措置（本邦内の旅行であって、契約の締結の前に旅行者にこれらの措置を講じない旨を説明し、かつ、当該旅行に関する計画に定めるサービスの提供を受ける権利を表示した書面を交付した場合を除く。）」を要求している。また、旅行業法施行規則32条4号は、「旅行に関する計画における2人以上の旅行者が同一の日程により行動することを要する区間における円滑な旅行の実施を確保するために必要な集合時刻、集合場所その他の事項に関する指示」を要求している。

また、標準旅行業約款上も、募集型企画旅行は、旅行業者が旅行に関する計画を作成し、これにより「実施」する旅行であると定義されており（募集型約款2条1項）、計画どおりに「実施」されるべきものであって（募集型約款14条1項・4項）、「旅行者が旅行中旅行サービスを受けることができないおそれがあると認められるときは、募集型企画旅行契約に従った旅行サービスの提供を確実に受けられるために必要な措置を講ずること」（募集型約款23条1号）とされ、「旅行業者の責に帰すべき事由により、契約書面に記載した旅行日程に従った旅行の実施が不可能となったとき」（募集型約款16条2項5号）が解除事由とされていることからも、契約書面に記載した旅行日程に従った旅行の実施が、旅行業者の債務となる。

(3)　理論上の根拠

計画遂行債務は、募集型企画旅行契約で約定された中核的な合意に基づくものであり、旅行業者が負う根幹的な債務である。

すなわち、募集型企画旅行契約において、旅行業者は、旅行計画に定められた旅行日程に従って運送・宿泊等の旅行サービスの提供がなされること、すなわち当該旅行計画の実施を善管注意義務をもって行うことを役務給付として旅行者に提供することを約束し、これに対し、旅行者は、包括的に旅行計画の適切な実施全般に対して対価（旅行代金）を支払うことを約束している。

したがって、計画遂行債務は、募集型企画旅行契約において、その履行が約束されている。

86　名古屋高判平成25・1・18WLJにおいて、募集型企画旅行で日程表（確定書面かどうかは不明）に記載された集合時刻は、「18日24時」（18日から19日に日付が変わる時刻）とされていたが、実際の集合時刻は「18日午前0時」（17日から18日に日付が変わる時刻）であり、日程表を誤信したため旅行に参加できなかった旅行者が旅行業者に損害賠償を求めた事案につき、裁判所は旅行業者の過失を認め、大幅な過失相殺をしつつも損害賠償を認容した。

⑷　法的性質

　募集型企画旅行契約における計画遂行債務は、結果債務としての性格をもつ。旅行業者は、旅行計画の実施に必要な運送機関や宿泊施設を手配した後、その手配された旅行サービスが確実に提供されるように対処し、旅行計画を忠実に実施する義務を負っており、当初の旅行計画の実施に支障を来す後発的事情が生じたわけでもないのに、当該旅行計画と異なる旅行サービスを提供した場合、旅行業者は債務不履行責任を負う。

　計画遂行債務が結果債務としての法的性質を有することは、①計画遂行債務が手配完成債務と連続性を有する債務であり、手配完成債務が結果債務である以上は、計画遂行債務も当然に結果債務としての性質を有すると考えられること、②手配された宿泊・運送等の旅行サービスが旅行計画どおりに遂行されることは、旅行代金と対価的均衡を保つことがあらかじめ計算された給付であることから、根拠づけられる。

⑸　旅程管理債務との違い

　旅程管理債務は、旅行契約締結後に、当初作成された旅行計画どおりの旅行の実施が不可能となるような旅行業者の関与し得ない後発的な事情が生じた場合に、当該事情に対して、契約内容の変更や旅行契約の解除によって対処するべき債務であり、計画遂行債務は、そのような事情が生じていない場合に、当初作成された旅行計画どおりの旅行の実施をするべき債務である。

　たとえば、運送機関、宿泊施設によるサービスが当初の旅行計画どおりに提供されないといった事態は、通常、旅行業者にとっては管理支配できない後発的事情によって生じた旅行計画の変更であり、旅程管理債務の問題が生じるものの、計画遂行債務の不履行ではない。

　一般的には、計画遂行債務は、旅程管理債務の一内容を構成するものとして理解されており、独立した計画遂行債務の存在を指摘する見解は

私見以外には見当たらない。

　広義の旅程管理債務から計画遂行債務を取り出して独立して取り扱うべきであると考える理由は、以下の点にある。

　第1に、債務としての性質が異なっていることがあげられる。すなわち、契約の基本原則は、当初約定された給付内容をそのまま実現することにあり、その意味では、手配債務と計画遂行債務は、当初の旅行計画をそのまま実現するべき債務として契約の通則に従った内容の債務である。ところが、旅程管理債務は、旅行には事情変更がつきものであることを踏まえ、そのような事情変更に対応するべき企画旅行契約独自の特徴的な債務であり、区別されるのが適当である。

　第2に、主張立証の方法が異なっていることがあげられる。すなわち、募集型企画旅行契約において、実施された旅行内容が確定書面（最終日程表）の記載とは異なっていた場合、手配完成債務および計画遂行債務がともに結果債務であることから、旅行者は、最終日程表と実際の旅程の食い違いを指摘しさえすれば、旅行業者の債務不履行責任を問うことができると考えられる。これに対し、旅行業者としては、旅行内容を変更せざるを得ないような後発的事情が生じたことおよびその事情に対応するため旅行内容の変更が必要であったことを説明し（募集型約款13条）、最終日程表と実際の旅程の食い違いは、旅程管理債務の問題であることを争点として提示しなければ敗訴を免れない。このような訴訟における主張立証のあり方からすれば、計画遂行債務は、広義の旅程管理債務から独立させて取り扱うのが相当である。

　第3に、計画遂行債務を観念すると、募集型企画旅行契約の成立前の過失である「旅行計画作成上の過失」を、計画どおり遂行することはできない原始的不能の債務を約定したものであるとして債務不履行の一つとして取り扱うことができる。たとえば、作成された旅行計画の日程に無理があり、予定されている運送機関の能力では移動に時間がかかりす

ぎ、予定されている二つの目的地をいずれも下車観光する時間を捻出することはそもそも物理的に不可能であったという場合には、計画遂行債務の不履行となる。[87]

4　旅程管理債務

(1)　概　念

募集型企画旅行契約における旅行業者の旅程管理債務とは、当初作成された旅行計画どおりの旅行の実施が不可能となるような旅行業者の責めに帰することができない後発的な事情が生じた場合に、できるだけ旅行計画に沿った旅行サービスの提供を受けられるよう必要な措置を講じ、また、必要な措置を講じたにもかかわらず旅行内容を変更せざるを得ないときは、最小の費用増加で、できるだけ契約内容の変更を最小限にとどめるような代替サービスを手配するべき債務をいう。

(2)　規定上の根拠

旅程管理債務の法令上の根拠規定は、旅行業法12条の10[88]、旅行業法施行規則32条 3 号である。[89]

また、旅程管理債務は、標準旅行業約款上も、募集型約款 3 条[90]、募集

87　募集型企画旅行契約において、旅行計画作成上の過失は、契約成立前の過失であり、標準旅行約款上適切に考慮されていないとの指摘があるが（宮川・前掲（注72）98頁）、民法412条の 2 第 2 項は、「契約に基づく債務の履行がその契約の成立の時に不能であったことは、第415条の規定によりその履行の不能によって生じた損害の賠償を請求することを妨げない」と定め、原始的不能の場合であっても、債務不履行に基づく損害賠償を請求することは妨げられないことを明らかにしているから、旅行計画作成上の過失は、計画遂行債務の不履行として把握されることになると考えられる。

88　旅行業法12条の10は、「旅行業者は、企画旅行を実施する場合においては、旅行者に対する運送等サービスの確実な提供、旅行に関する計画の変更を必要とする事由が生じた場合における代替サービスの手配その他の当該企画旅行の円滑な実施を確保するため国土交通省令で定める措置を講じなければならない」（下線は著者）と規定する。

型約款23条に根拠づけられる。[91]

(3)　理論上の根拠

　募集型企画旅行契約において、旅行業者は旅行者に対し、「旅行計画のもとに統合された運送・宿泊等の旅行サービスの提供が適切になされるように善管注意義務をもって尽力すること」を役務給付として約束し、他方、旅行者は旅行業者に対し、旅行計画に組み込まれた個々の運送・宿泊等の旅行サービスに対して個別に代金を支払うのではなく、「包括的に旅行計画の適切な実施全般に対して対価（旅行代金）を支払うこと」を約束している。

　そして、募集型企画旅行においては、契約後に事態が変化することも

89　旅行業法施行規則32条3号は、「旅行に関する計画に定めるサービスの内容の変更を必要とする事由が生じた場合における代替サービスの手配及び当該サービスの提供を受けるために必要な手続の実施その他の措置（本邦内の旅行であって、契約の締結の前に旅行者にこれらの措置を講じない旨を説明し、かつ、当該旅行に関する計画に定めるサービスの提供を受ける権利を表示した書面を交付した場合を除く。）」を要求している。

90　募集型約款3条は、「当社は、募集型企画旅行契約において、旅行者が当社の定める旅行日程に従って、運送・宿泊機関等の提供する運送、宿泊その他の旅行に関するサービス（以下『旅行サービス』といいます。）の提供を受けることができるように、手配し、旅程を管理することを引き受けます」（下線は著者）と規定する。

91　募集型約款23条は、「当社は、旅行者の安全かつ円滑な旅行の実施を確保することに努力し、旅行者に対し次に掲げる業務を行います。ただし、当社が旅行者とこれと異なる特約を結んだ場合には、この限りではありません。

　一　旅行者が旅行中旅行サービスを受けることができないおそれがあると認められるときは、募集型企画旅行契約に従った旅行サービスの提供を確実に受けられるために必要な措置を講ずること。

　二　前号の措置を講じたにもかかわらず、契約内容を変更せざるを得ないときは、代替サービスの手配を行うこと。この際、旅行日程を変更するときは、変更後の旅行日程が当初の旅行日程の趣旨にかなうものとなるよう努めること、また、旅行サービスの内容を変更するときは、変更後の旅行サービスが当初の旅行サービスと同様のものとなるよう努めること等、契約内容の変更を最小限にとどめるよう努力すること。」と規定する。

ままあることを前提に、当初の旅行計画がそのまま実施できないことも
当然ありうるものとして、旅行業者は、旅行の行程全体を管理して突然
の変更に適切な対応をとり、変更後の事態に合わせて旅行計画を変更
し、個々の運送・宿泊等の旅行サービスを調整し、全体としての統合さ
れた旅行サービスを適切に提供するべきことが予定されている。旅行と
いう商品の特性から、後発的事情変更の可能性が契約内容にビルトイン
されているといってもよいであろう。

　このように後発的事情変更がありうることを前提に、旅行計画のもと
に統合された運送・宿泊等の旅行サービスの提供が適切になされるよう
に善管注意義務をもって尽力することが、旅行代金と対価関係にある旅
行業者の基本的義務であり、当初の旅行計画に支障が生じる事態が生じ
たとしても、旅行の行程全体を管理して後発的事情変更に適切な対応を
とり、旅行計画を最低限の変更で実施することが、旅行業者の負う債務
内容となっているものである。

(4)　法的性質

　旅程管理債務は、予測外の後発的事情変更に対応する義務であり、そ
の性質上当然に手段債務（合理的な注意をもって目的達成をめざすことを
内容とする債務）である。

　募集型約款23条は、「当社は、旅行者の安全かつ円滑な旅行の実施を
確保することに努力し」との表現をとって、旅程管理債務が手段債務で
あることを表現しているが、もちろん旅程管理債務は、単なる努力義務
ではなく、善管注意義務をもって最善の結果が得られるよう尽力する法
的義務である。

(5)　債務の内容

　旅程管理債務の内容としては、①旅程変更または解除の必要性の認
識・予見義務（すなわち、契約後に発生した不可抗力的事情によって当初の
旅行計画をそのまま実施できないことを認識・予見する義務）、②旅程変更

の実行義務（すなわち、不可抗力的事情の発生を踏まえて旅程を変更した旅行計画を再作成し、その手配を実行する義務）、③解除権の行使義務・告知義務（すなわち、旅程変更によっては対応できない程度の重大な不可抗力的事情が発生し、旅行自体を実施できない状況に至った場合に、旅行業者みずからが旅行契約を解除する義務、または、旅行者に対し、当該事態を説明して旅行者にも解除権があることを告知する義務）がある（旅程管理債務の内容につき〔表11〕参照）。

〔表11〕　旅程管理債務の内容

旅程変更の必要性の認識・予見義務	不可抗力的事情の発生によって旅行計画がそのまま遂行できないことを認識・予見する義務
旅程変更の実行義務	不可抗力的事情の発生を踏まえて旅程を変更した旅行計画を再策定し、その手配を実行する義務（旅程変更の実行方法としては、①旅行者全員の同意を得る方法、②契約内容変更権限（募集型約款13条）を行使する方法、の二つがある）
解除権の行使義務・告知義務	旅程変更によって対応できない程度の不可抗力的事情が発生し、旅行を実施できない場合に、旅行業者みずから旅行契約を解除し、または旅行者に告知する義務

①旅程変更または解除の必要性の認識・予見義務は、②旅程変更の実行義務および③解除権の行使義務・告知義務の前提をなす義務であり、当初作成された旅行計画の支障となる不可抗力的事情が事後的に生じているのに、これに気づかず、旅程の変更や契約の解除をしないまま、漫然と当初の旅行計画に基づく旅行をそのまま実施して、旅行の中止に至ったような場合には、旅程変更または解除の必要性の認識・予見義務を怠っていることになり、旅程管理債務の不履行があることになる。

②旅程変更の実行義務を履行するため、旅行業者がとりうる方法としては、ツアーに参加している旅行者全員の同意を得る方法が原則である

が、そのような同意が全員からは得られない場合には、契約内容変更権限（募集型約款13条）を行使する方法がある。

③解除権の行使義務・告知義務は、後発的事情が、「天災地変、戦乱、暴動、運送・宿泊機関等の旅行サービス提供の中止、官公署の命令その他の事由が生じた場合において、旅行の安全かつ円滑な実施が不可能となり、又は不可能となるおそれが極めて大きいとき」に旅行業者に課される義務である。旅行の安全かつ円滑な実施の観点から旅程変更では到底対応しきれないほどの重大な不可抗力的事情が生じているのに、旅行業者が解除権（募集型約款17条1項7号・18条1項4号）を行使せず、あるいは旅行者に対して解除権発生（募集型約款16条2項3号・3項）を告知しないまま旅行を実施した場合は、解除権の行使義務・告知義務を怠っていることになり、旅程管理債務の不履行があることになる。

(6)　旅行業者の契約内容変更権限

(ア)　募集型約款13条

募集型約款13条は、「当社は、天災地変、戦乱、暴動、運送・宿泊機関等の旅行サービス提供の中止、官公署の命令、当初の運行計画によらない運送サービスの提供その他の当社の関与し得ない事由が生じた場合において、旅行の安全かつ円滑な実施を図るためやむを得ないときは、旅行者にあらかじめ速やかに当該事由が関与し得ないものである理由及び当該事由との因果関係を説明して、旅行日程、旅行サービスの内容その他の募集型企画旅行契約の内容（以下『契約内容』といいます。）を変更することがあります。ただし、緊急の場合において、やむを得ないときは、変更後に説明します」と規定している（旅行業者の契約内容変更権限につき〔表12〕参照）。

〔表12〕　旅行業者による契約内容変更権限

1	旅行業者において関与できない事由（天災地変、戦乱、暴動、運送・宿泊機関等の旅行サービス提供の中止、官公署の命令、当初の運航計画によらない運送サービスの提供その他）が発生したこと
2	旅行の安全かつ円滑な実施を図るためやむを得ないこと
3	あらかじめ速やかに（緊急時やむを得ないときは事後に）旅行者に変更の理由等を説明すること

　　(イ)　総　論

　旅行業者は、①旅行業者において関与できない事由（天災地変、戦乱、暴動、運送・宿泊機関等の旅行サービス提供の中止、官公署の命令、当初の運航計画によらない運送サービスの提供その他）が発生したこと、②旅行の安全かつ円滑な実施を図るためやむを得ないこと、③あらかじめ速やかに（緊急時やむを得ないときは事後に）旅行者に変更の理由等を説明すること、という三つの要件を満たした場合、旅行契約の内容を変更することができる（募集型約款13条）。

　　(ウ)　趣　旨

　旅行契約締結後に不可抗力的事情が生じた場合、旅行業者は、旅程管理債務を履行するため、事情変更に即応して適切に当初の旅行計画上の旅程を変更したうえで、旅行を続行することができるようにしなければならない。

　旅程変更にあたっては、旅行業者が、当該ツアー参加者全員に状況を説明したうえで具体的な旅程変更の案を示し、これについて同意をもらうのが本筋である。いったん締結した契約内容を契約当事者の一方が変更することは、他方当事者の同意がない限りはできないのが民法上の原則だからである。

　しかし、ツアー参加者全員の同意を得ることができない場合に備え、旅行業者には、旅程管理債務の履行のため、旅行者の同意の有無にかか

わらず、旅程を変更する権限（契約内容変更権限＝募集型約款13条）が与えられた。

　契約内容変更権限（募集型約款13条）は、ツアー参加者全員の同意を得られない場合においても旅行業者が旅程を変更して旅程管理債務を果たせるように付与された義務履行のための手段的権限であり、決して旅行業者の「権利」ではない。旅行業者は旅程管理債務を履行するため、契約内容変更権限（募集型約款13条）を適切に行使する義務を負う。

　　㈡　要　件

　　㈠　旅行業者の関与し得ない事由が生じた場合

　契約内容変更権限（募集型約款13条）の行使要件として、「天災地変、戦乱、暴動、運送・宿泊機関等の旅行サービス提供の中止、官公署の命令、当初の運行計画によらない運送サービスの提供その他の」旅行業者の関与し得ない事由が生じた場合であることを要する。

　旅行契約締結後に、旅行業者の帰責事由なく当初の旅行計画の実施が妨げられる事情が発生したことを意味する。

　　㈡　旅行の安全かつ円滑な実施を図るためやむを得ないとき

　「旅行の安全な実施」とは、旅行者の生命・身体・財産が侵害されるおそれのない状況での旅行の実施を意味する。

　「旅行の円滑な実施」とは、旅行計画に従った運送・宿泊等の旅行サービスの提供が滞りなく行われる状況での旅行の実施を意味する。

　「やむを得ないとき」とは、「旅行の安全な実施」と「旅行の円滑な実施」の両方、あるいはいずれか一方が、当初の旅行計画のまま実施したのでは、実現できないことを意味する。

　「やむを得ないとき」の要件には、契約内容の変更さえすれば「旅行の安全かつ円滑な実施」が可能であることが含意されており、変更後の契約内容によっても「旅行の安全かつ円滑な実施」ができないとき、あるいは、「旅行の安全かつ円滑な実施」を確保するべく契約内容を変更

124

アンケートご協力のお願い

購入した書籍名	旅行契約の実務 ―基礎から紛争解決まで―

●弊社のホームページをご覧になったことはありますか。

・よく見る　　・ときどき見る　　・ほとんど見ない　　・見たことがない

●本書をどのようにご購入されましたか。

・書店（書店名　　　　　　　　）　・直接弊社から
・Amazon　　　　　　　　　　　　・ネット書店（書店名　　　）
・贈呈　　　　　　　　　　　　　・その他（　　　　　）

●本書の満足度をお聞かせください。

（　・非常に良い　・良い　・普通　・悪い　・非常に悪い　）

●上記のように評価された理由をご自由にお書きください。

●本書を友人・知人に薦める可能性がどのくらいありますか？

（　・ぜひ薦めたい　・薦めたい　・普通　・薦めない　）

●上記のように評価された理由をご自由にお書きください。

●本書に対するご意見や、出版してほしい企画等をお聞かせください。

■ご協力ありがとうございました。

フリガナ
住 所（〒　　　　）

氏 名
（担当者名）　　　　　　　　　　　　　　　　　　　　TEL.（　　　）　　　　　内
　　　　　　　　　　　　　　　　　　　　　　　　　FAX.（　　　）

Email：

すると当初の旅行計画とは、その旅程や旅行代金の点で著しく乖離したものになってしまうときは、旅行業者としては、募集型企画旅行契約の解除（募集型約款17条1項7号・18条1項4号）をするべきであり、契約内容変更権限（募集型約款13条）の行使は許されない。

また、旅行内容の変更について、ツアー参加者全員の同意が得られた場合も、「やむを得ないとき」には該当せず、契約内容変更権限（募集型約款13条）の行使の必要性はない。

(C)　旅行者に契約内容変更の理由を説明すること

(a)　説明事項、説明時期

契約内容変更権限（募集型約款13条）の行使要件として、旅行業者は、旅行者に対し、「当該事由が関与し得ないものである理由及び当該事由との因果関係」を説明することを要する。具体的な説明事項としては、旅行内容の変更が生じる理由、変更後の旅程の内容、当該変更後の旅程が代替策として合理的である理由、旅程変更によって旅行者が契約解除をすることができる場合にはその旨などが考えられる。

説明の時期は、原則として「あらかじめ速やかに」であるが、「緊急の場合において、やむを得ないときは、変更後」である。

(b)　法的性質

契約内容変更の理由の説明義務の法的性質は、準委任契約に基づく報告義務（民法656条による民法645条の準用）の特則であると解される。旅行内容の変更については、ツアーに参加した旅行者全員の同意を得ることが原則であることを考えると、最終的には同意を得られないとしても、まずは同意の前提となる説明を尽くすべき手続的な義務を定めたものとも理解しうる。

(c)　説明懈怠の効果

契約内容変更の理由の説明義務の懈怠があっても、①旅行業者の関与し得ない事由が生じた場合で、②旅行の安全かつ円滑な実施を図るため

やむを得ないとき、という二つの要件を具備した場合には、募集型約款13条による契約内容変更の効果は発生すると考えられている。

　その理由は、上記のとおり、この説明義務の要件が、準委任契約に基づく報告義務としての性質をもつ手続的な義務であり、この要件が欠落したとしても、契約内容変更による旅程管理の必要性が左右されるものではないからである。したがって、契約内容変更の理由の説明義務は、厳密にいえば、契約内容変更権限（募集型約款13条）の行使要件ではない。

　しかし、契約内容変更の理由の説明義務は、旅行者による契約解除権（旅行開始前は募集型約款16条2項1号、旅行開始後は募集型約款16条3項）と結び付けて理解されており、説明義務の懈怠は、解除権行使の機会の剥奪の結果を生ぜしめたと評価されることになる。

　解除権発生の告知義務違反により解除権行使の機会を喪失させたときの損害額は、民事訴訟法248条の適用のもとで、旅行者が解除権を行使していたと仮定した場合のあるべき財産状態と、解除権を行使しなかった結果として生じた現実の財産状態との差額を基本に、解除権行使の可能性の程度に応じて算定されると考えられる。

　旅行開始前に不可抗力的事情発生があったが、契約内容変更の理由の説明義務の懈怠の結果、旅行内容が変更されたことを知らずに旅行に参加することになった旅行者は、旅行開始前における解除権（募集型約款16条2項1号）の行使機会の剥奪による損害として、①旅行代金相当額（募集型約款16条2項1号による解除権が行使されていれば、取消料の負担なく旅行代金全額の返還を受けることができたはずである）、②慰謝料（休暇の喪失、旅行による楽しみの剥奪等を理由とする）、③弁護士費用等を請求することができると考えられる。⁹²

　旅行開始後に不可抗力的事情発生があったが、契約内容変更の理由の説明義務の懈怠の結果、理由もわからず変更された旅行内容に従って旅

行に参加することになった旅行者は、旅行開始後における解除権（募集型約款16条 3 項）の行使機会の剥奪による損害として、通常は、精神的苦痛に対する慰謝料および弁護士費用を請求しうるにとどまる。なぜなら、解除により欠落することになった旅程の一部分について旅行者が個人で代替サービスの手配をすることは、手間の点からも費用の点からも実際上困難だと考えられるからである。[93]

㊄　効　果

(A)　契約内容の変更

契約内容変更権限（募集型約款13条）が行使されると、旅行業者は、当初の旅行計画の内容を変更して新たな旅行計画を作成し、その変更後の旅行計画に基づき、代替の運送・宿泊等の旅行サービスを再手配する義務を負う。[94]

92　神戸地判平成 5・1・22判タ839号236頁は、海外募集型企画旅行契約で、旅行開始前に、予定されていた宿泊施設がホテルからコンドミニアムへと変更されたことは、旅行契約の内容の重要な変更にあたるとしつつ、その変更の原因が宿泊施設側のオーバーブッキングであることから旅行業者には帰責事由はないとして、旅行業者には、旅程変更に関する債務不履行責任は生じないとした。しかし、約款に基づき、旅行内容を変更する場合には事前に旅行者に理由を説明する義務があったのに、旅行業者はその説明義務を尽くしておらず、旅行者に対し、約款に基づいて本件旅行契約を解除することを検討する機会を与えなかった点が債務不履行となる旨判断し、慰謝料各 5 万円および宿泊費用差額分の返還各 1 万2000円の支払いを認容した。

93　東京高判平成27・10・29WLJ において、予定された旅程ではモンサンミッシェル島対岸に位置するホテルで宿泊することになっていたが、旅行開始後に同ホテルでの宿泊はできなくなったとだけ添乗員に告げられ、島内のホテルで宿泊する旅程変更を受けた旅行者が、旅行業者に対し、説明なく旅程変更をしたことにつき債務不履行に基づく損害賠償請求をした事案につき、裁判所は、旅行業者が、オーバーブッキングによる対岸ホテルからの予約取消しの連絡に対し、できる限りの対応をして代替ホテルの手配をしたものであって、旅程管理債務の不履行があったとはいえないものの、旅行業者が解除権行使の機会付与のために義務付けられている旅行者に対する旅程変更の理由と内容を説明するべき義務の不履行があったと認定し、慰謝料として各 5 万円の損害賠償を認めた。

　変更後の旅行計画の内容は、最小の費用増加で、できるだけ当初の旅行計画で提供される旅行サービスからの変更を最小限にとどめるような代替サービスを手配するものであることを要するが（募集型約款23条2号）、具体的にどのような変更を加えるかについては、旅行業者に上記の考慮要素を踏まえた裁量が認められる。[95・96]

　募集型約款23条2号は、①旅行日程を変更するとき（旅行サービスの内容には変更がないがその提供順序が当初の旅行計画と異なるとき）は、変更後の旅行日程が当初の旅行日程の趣旨にかなうものとすること、②旅行サービスの内容を変更するときは、変更後の旅行サービスが当初の旅行サービスと同様にものとすることにつき、旅行業者に合理的注意を

94　東京地判平成26・11・28WLJは、「世界遺産白川郷・五箇山と飛騨・加賀・北陸かーにバル2日間」というツアータイトルのバス旅行に参加した旅行者が、交通渋滞のため白川郷の観光が十分できず、五箇山の観光をすることができなかったことから、旅行業者に対し、債務不履行による損害賠償を求めた事案である。裁判所は、旅行業者は交通渋滞を見込んだ旅程を作成していること、旅程のうち白川郷、五箇山観光を他の旅程より優先する合意があったとはいえないこと、パンフレット等に観光地滞在時間の短縮、観光箇所の削除が生じる場合があり、この場合には当社は責任を負わない旨の記載があったことから、請求を棄却した。

95　東京簡判平成14・9・26裁判所HPは、海外募集型企画旅行で、旅行日程上見学することが予定されていた博物館が、急遽休館を決定したため、見学できなかったことから、旅行業者において、代替サービスとして別の観光地への案内と飲食サービスを提供したという事案であるが、裁判所は、旅行業者が旅程管理債務を適切に履行したことを認定し、旅行者の損害賠償請求を棄却した。

96　東京地判平成27・6・19WLJは、海外募集型企画旅行において、旅行者が出発日の航空便に積雪のため間に合わず乗り遅れ、旅行業者において翌日出発の航空便を手配し以後の旅程が実施された事案において、旅行者が、旅行業者は航空会社において翌日出発の航空便への無料振替サービスを行っていたことを告げなかったため、有料で翌日の航空便を手配することになったのは、錯誤あるいは旅程管理債務の不履行であるとして賠償を求めた事案である。裁判所は、航空会社は一般に空席があればそのまま翌日出発便を利用できる取扱いをしていたが、本件では翌日出発便はほぼ満席であり、席を確保するには新たな予約発券が必要であったもので、実際上翌日出発便への搭乗は不可能であったと事実認定し錯誤および旅程管理債務不履行を認めなかった。

もって尽力するよう求めている。

⒝　旅行代金の増減

⒜　募集型約款14条 4 項の内容

旅行業者により契約内容変更権限（募集型約款13条）が行使され、それに伴い、旅行の実施に要する費用の増減が生じた場合には、その範囲内において旅行代金の額が変更される（募集型約款14条 4 項）。[97]

ただし、オーバーブッキングの場合には旅行業者は代金増額請求をすることはできない。

⒝　旅行代金増減の趣旨

現行の標準旅行業約款において、募集型企画旅行契約は、準委任契約の法的性質をもつものとして法律構成されており、契約成立後に、当初の旅行計画の安全かつ円滑な実施を妨げるような不可抗力的事情が発生したときは、これに相応して旅行計画を変更のうえ、できる限り、当初の旅行計画に近い形で旅行を継続できるようにすることも含めて、旅行者は、旅行業者に対し、事務を委託しているものである。

したがって、旅行契約成立後の内容変更によって旅行の実施に要する費用の増減が生じた場合、その費用の増減はすべて委任者たる旅行者に帰属するべきものであり、たとえば、宿泊機関の変更がなされた場合、旅行業者は、当初予定していた宿泊機関から宿泊代金の返金を受けた場合にはそれを旅行者に引き渡すべきであり（民法646条 1 項）、また、変

97　募集型約款14条 4 項は、「当社は、前条の規定に基づく契約内容の変更により旅行の実施に要する費用（当該契約内容の変更のためにその提供を受けなかった旅行サービスに対して取消料、違約料その他既に支払い、又はこれから支払わなければならない費用を含みます。）の減少又は増加が生じる場合（費用の増加が、運送・宿泊機関等が当該旅行サービスの提供を行っているにもかかわらず、運送・宿泊機関等の座席、部屋その他の諸設備の不足が発生したことによる場合を除きます。）には、当該契約内容の変更の際にその範囲内において旅行代金の額を変更することがあります」と規定する。

更後の宿泊機関の宿泊代金を旅行者に請求することができる（民法650条1項）。

募集型約款14条4項の文言上は、旅行内容の変更に伴って、旅行の実施に要する費用が減少した場合でも、旅行代金の減額は必要的なものではなく、旅行業者の裁量が認められるかのような表現となっているが、旅行内容の変更が旅行者からの受任を受けた事務処理であることからすれば、解釈上は、旅行業者は、旅行者に対し、義務的に旅行代金を減額しなければならないと解される。[98]

(c)　オーバーブッキングの特例

契約内容変更による費用増加がオーバーブッキングにより生じた場合には、旅行業者は、旅行者に対し、旅行代金の増額請求をすることはできない（募集型約款14条4項の2番目のかっこ書）。

オーバーブッキングの場合は宿泊施設や運送機関の債務不履行責任が明白であるため、旅行業者は、オーバーブッキングをした宿泊施設や運送機関に対する債務不履行責任をみずからの手間と費用で追及するべきであり、旅行者に増加費用を転嫁するべきではないということがその理由であるとされる。[99] そうであるとすれば、オーバーブッキングに関して[100]

98　東京地判平成19・3・26WLJは、予定されていた水上コテージへの宿泊が高潮により不可能となり、旅行業者が旅程内容変更権限を行使してホテルへの宿泊へと変更したことにより、宿泊代金が減額となった場合には、旅行業者は旅行者に対し、その減額分を返還しなければならないと判示した。

99　三浦・前掲（注31）95頁。

100　オーバーブッキングが商慣習として広く行われていることを考えると（榊素寛「オーバーブッキングという名の商慣習」法教444号（2017年）68頁）、旅行業者は、旅行に関する専門家として、オーバーブッキングがあることも見越したうえで適切に手配をするべきであり、その意味で、オーバーブッキングが直ちに旅行業者の関与し得ない事由であると言えるかは疑問である（高橋弘「パック旅行の内容変更と旅行業者の責任」廣瀬久和＝河上正二編『消費者取引判例百選（別冊ジュリ200号）』（有斐閣・2010年）130頁）。

は、旅行業者の窓口責任ないし第一次的責任が、標準旅行業約款において

も部分的に認められていることになる。[101]

(C)　旅行者の対抗的解除権

(a)　旅行開始前における旅行者の解除権

旅行業者によって契約内容変更権限（募集型約款13条）が行使された結果、別表第2上欄に掲げるもの（旅程保証の対象となる事項）その他重要な契約内容の変更がなされたときは、旅行者は、旅行開始前において、取消料を支払うことなく、募集型企画旅行契約を解除することができる（募集型約款16条2項1号）。

募集型約款16条2項1号は、旅行開始前において、旅行業者に債務不履行がなく、適法に旅行内容の変更がなされたときでも、旅行者に対し、約款上の解除権を認める趣旨の規定である。[102]

契約内容変更につき債務不履行（手配完成債務、計画遂行債務、旅程管理債務の不履行）がある場合には、旅行者は、旅行業者に対し、募集型約款16条2項1号による解除に伴う原状回復として旅行代金全額の返還を受けたうえ、さらに損害賠償を求めることができる（民法545条4項）。

また、債務不履行があった場合の法定解除権（民法541条・542条）の

101　旅行開始前におけるオーバーブッキングによる旅行内容変更について増加費用請求が認められないのは、給付危険の移転未了であることからも説明が可能である。

102　準委任契約説を前提とすると、旅行業者は、手配完成債務、計画遂行債務、旅程管理債務を負担しているにとどまり、旅行サービス提供業者の提供する旅行サービスの内容についてまで債務として引き受けているわけではないから、旅行内容の変更を理由に解除を認めている募集型約款16条2項1号は、旅行業者の債務不履行による解除事由を定型化したものとはいえない。その意味で、募集型約款16条2項1号は請負契約説的発想を加味した条項であり、募集時に実施を表示していた重要な旅行サービス内容が実際には実施できなくなったという表示と実際の齟齬を、一種の重要事項の不実告知による取消事由（不実告知における現実と表示の食い違いの判断基準時は、本来は契約締結前の勧誘時であるが、この判断基準時を旅行開始時まで遅らせたもの）として取り扱ったものと考えられる。

行使は、募集型約款16条 2 項 1 号の解除権の行使と並行して行うことができる。

(b)　旅行開始後における旅行者の解除権

募集型約款16条 3 項は、「旅行者は、旅行開始後において、当該旅行者の責に帰すべき事由によらず契約書面に記載した旅行サービスを受領することができなくなったとき又は当社がその旨を告げたときは、第一項の規定にかかわらず、取消料を支払うことなく、旅行サービスの当該受領することができなくなった部分の契約を解除することができます」と規定する。

募集型約款16条 3 項は、旅行開始後において、旅行業者に債務不履行がなく、適法に旅行内容の変更がなされたときでも、約款上の解除権を認める趣旨の規定である。その効果として約款上認められているのは、一部解除であり、旅行サービスの受領ができなくなった部分の契約を解除しうるにとどまる。[103] 原状回復についても、当該受領ができなくなった旅行サービス部分に係る旅行代金が払い戻されるにすぎない（募集型約

---

[103]　準委任契約説を前提とすると、旅行業者は、手配完成債務、計画遂行債務、旅程管理債務を負担しているにとどまり、旅行サービス提供業者の提供する旅行サービスの内容についてまで債務として引き受けているわけではないから、旅行開始後の旅行内容の変更を理由に解除を認めている募集型約款16条 3 項の解除権は、請負契約説的発想を取り入れ、「旅行サービス提供業者の提供する旅行サービス給付」をあたかも旅行業者自身の債務であるかのように取り扱って、旅行サービス給付の不履行をもって解除事由としたものといえる。募集型約款16条 3 項の解除権は一部解除を認めるにすぎない点で、旅行開始前の募集型約款16条 2 項 1 号の解除権と比べると限定的であるが、旅行の開始前後で取扱いをまったく区別するべき合理的理由はなく、募集型約款16条 2 項 1 号が定める別表第 2 上欄に掲げるもの（旅程保証の対象となる事項）その他重要な契約内容の変更があった場合には、旅行出発後にこのような変更が生じたとしても、旅行者は、変更があった以降の旅程を、「残存する部分のみでは契約をした目的を達成することができないとき」（民法542条 1 項 3 号）に該当するものとして、すべて解除することも可能であると考えるべきである。

款16条 4 項)。

　旅行業者に、手配完成債務、計画遂行債務、旅程管理債務等の債務不
履行があった場合の法定解除権（民法541条・542条）の行使は、募集型
約款16条 3 項の解除権の行使と並行して行うことができる。

　旅行サービスのうち一部分の受領ができなくなったことが債務不履行
に該当する場合、旅行者は、「残存する部分のみでは契約をした目的を
達成することができないとき」（民法542条 1 項 3 号）には、受領不能部
分のみならず、手配済みの運送・宿泊サービス等のうちいまだ履行され
ていない部分に関する旅行契約を、将来に向けて解除する（民法652条に
よる民法620条の準用）ことができる。この場合には、旅行者は、旅行業
者に対し、未履行の運送・宿泊サービス等の代金相当額の払戻しのほ
か、支出を余儀なくされた帰路の航空機運賃や、休暇を台無しにされた
ことによる慰謝料等を損害賠償請求することができると考えられる。

(7)　解除権の行使義務・告知義務

(ア)　総　論

　天災地変、戦乱、暴動、運送・宿泊機関等の旅行サービス提供の中
止、官公署の命令その他の当初作成された旅行計画の忠実な実施に支障
を及ぼす後発的な不可抗力的事情が発生し、しかもその事情が非常に重
大で、「旅行の安全かつ円滑な実施が不可能となり、又は不可能となる
おそれが極めて大きい」という程度に達しており、契約内容の変更では
対応できないような場合（以下、「解除事由」）という。）には、旅行業者
は、安全確保義務および旅程管理債務に基づき、募集型旅行契約につ
き、みずから解除権（募集型約款17条 1 項 7 号、募集型約款18条 1 項 4 号）
を行使するか、あるいは、旅行者に対して解除権（募集型約款16条 2 項
3 号、募集型約款16条 3 項）の発生を告知してその行使機会を与えなけれ
ばならない（旅行実施不能の解除権につき〔**表13**〕参照）。

〔表13〕　旅行実施不能の解除権一覧

	出発前	出発後
旅行業者	募集型約款 17条1項7号	募集型約款 18条1項4号
旅行者	募集型約款 16条2項3号	募集型約款 16条3項

　㈤　解除事由発生時における旅行者の解除権

　旅行計画の忠実な実施に支障を及ぼす後発的な不可抗力的事情が発生し、しかもその事情が非常に重大で、「旅行の安全かつ円滑な実施が不可能となり、又は不可能となるおそれが極めて大きい」場合に認められる、旅行開始前における旅行者の解除権（募集型約款16条2項3号）の法的性質は、安全確保義務および旅程管理債務が、債務者である旅行業者の責めに帰すべき事由なく履行不能となった場合における債務不履行による解除事由（民法542条）を標準旅行業約款において定型化したものと理解することができる。

　改正後の民法においては、無催告解除権（民法542条）は、契約をした目的を達するのに足りる債務の履行がされる見込みがない場合に、契約を維持する利益が失われた債権者を契約の拘束力から解放する手段であり、解除にあたり債務者の帰責事由は不要である。

　後発的事情により「旅行の安全かつ円滑な実施が不可能となり、又は不可能となるおそれが極めて大きい」場合には、旅行者側からみたとき、安全確保義務および旅程管理債務は、旅行業者の帰責事由なく、不

104　「契約をした目的」とは、契約に基づき履行を受ける反対給付の利用によって当事者が獲得を期待した社会的経済的利益であって、その実現が保護されるべきものとして契約の中に織り込まれたものをいう。当事者は契約による利益を期待して契約を締結するものであり、契約の期待利益が脱落すれば契約関係から離脱できるとするのが適切であるため、契約の目的達成不能の場合には無催告解除権が認められる。

能となっており、かつ、募集型企画旅行契約を締結した旅行者は契約目的を達成できない状況となっている。したがって、このような場合には旅行者は無催告解除権を行使しうると考えられる。

募集型約款16条2項3号による解除の場合には、有償の委任契約の履行が中途で終了した場合における費用・報酬支払請求権（民法649条・650条1項・648条3項2号）の性格をもつと考えられる取消料（募集型約款16条1項）の支払いを要しない。その理由は、旅行開始前の解除であって、「運送・宿泊等の旅行サービスの提供」がなく、いまだ対価危険を旅行業者が負担しているからであると説明することができる。

(ウ) 解除事由発生時における旅行業者の解除権

天災地変等の後発的な不可抗力的事情である解除事由が発生した場合における旅行業者の解除権（募集型約款17条1項7号・18条1項4号）の法的性質は、旅行の安全かつ円滑な実施が不可能な場合に、旅行を取りやめることで旅程管理債務および安全確保義務を果たせるように付与された義務履行のための手段的権限であり、決して旅行業者の「権利」ではない。旅行業者は旅程管理債務および安全確保義務を履行するため、天災地変等の後発的な不可抗力的事情が発生した場合の解除権（募集型約款17条1項7号・18条1項4号）を適切に行使する義務[105]を負う。

旅行の実施は、旅行業者の債務（手配完成債務および計画遂行債務）であり、債務が履行不能となったとしても、債務者が契約の解除権を行使することは、民法の原則からはあり得ない。民法上は、解除権は、債務の履行を得られなかった債権者を契約の拘束力から解放するための手段なのであり、債務者が行使するものではない。

---

105 森嶋・前掲（注64）23頁では、解除事由があるにもかかわらず旅行業者による旅行実施がなされることを防止する観点から、旅行者が募集型約款16条2項3号に基づく解除を主張したにもかかわらず、旅行業者が取消料を徴収した後に当該旅行が旅行業者によって解除された場合には、旅行者は徴収した取消料を返還することを標準旅行業約款に規定するべきであると提言している。

　旅行の中断が予想され、旅程を変更しても、およそ当初の旅行計画の趣旨に沿った旅行を続行することができない場合には、旅行業者は、旅行に連れ出すことによって、旅行者に無益な経済的負担、身体的精神的負担を強いるべきではなく、また、その生命・身体・財産に危険を及ぼすおそれのある目的地への移動を強いるべきではない。旅行業者は、旅行計画に基づく旅行の実施を依頼された専門家として、旅程管理債務および安全確保義務に基づき、旅行を取りやめるべき義務がある。

　募集型約款17条 1 項 7 号・18条 1 項 4 号による旅行業者の解除権は、このような、旅行業者が、旅程管理債務および安全確保義務に基づき、旅行を取りやめるべき義務を負う場合があることを前提として、その義務の履行の手段として、契約を解除する権限を募集型約款により付与した規定であると理解するべきである。

　　⒟　旅行業者による解除権行使の実務

　募集型約款17条 1 項 7 号の「旅行の安全かつ円滑な実施が不可能となり、又は不可能となるおそれが極めて大きいとき」に該当するかどうかについては、実務上は、旅行業者は、外務省が発する国・地域別の危険情報と旅行先官公署、現地オペレーター等の情報を基に、募集型企画旅行の出発の可否を判断している。

　外務省の発出する国・地域別の危険情報は「レベル 1 ：十分注意してください」、「レベル 2 ：不要不急の渡航は止めてください」、「レベル 3 ：渡航は止めてください（渡航中止勧告）」、「レベル 4 ：退避してください。渡航は止めてください（退避勧告）」の 4 段階となっている。また、この危険情報とは別に、外務省は、感染症危険情報も発出しており、これも上記同様の 4 段階に分けられている。

　一般社団法人日本旅行業協会（JATA）は、「企画旅行の実施における外務省海外安全情報への対応と考え方」と題するガイドラインを策定公表している。このガイドラインによれば、旅行業者は、レベル 3 、レベ

ル４の危険情報が発出された場合には、海外募集型企画旅行を実施することはないが、レベル２であれば、他の情報もあわせて考慮したうえ、旅行を実施することもあるとされている。

　　㈺　解除権行使の「にらみ合い」

　①天災地変、戦乱、暴動、運送・宿泊機関等の旅行サービス提供の中止、官公署の命令その他の事由が生じた場合であって、②かつ契約書面に記載された旅行日程に従った旅行の安全かつ円滑な実施が不可能となり、または不可能となるおそれが極めて大きいときは、③旅行開始前であれば、旅行者からも、旅行業者からも、募集型企画旅行契約を解除することができる（募集型約款16条２項３号・17条１項７号）。

　旅行者の解除権発生要件（募集型約款16条２項３号）と旅行業者の解除権発生要件（募集型約款17条１項７号）はほぼ同一であり、たとえば、渡航先における大規模なテロやデモ行進、感染症の流行などの事由が生じたときに、旅行者は取消料なしに募集型企画旅行契約を解除したいと望むが、旅行業者においては、上記①②の要件具備を認めず、解除した旅行者に取消料を請求し、また、みずから募集型約款17条１項７号に基づく解除権行使はしないという事態が生じ、トラブルになることがある。双方が解除権を有している状態のもとで、相互に相手方が解除権を行使するように求めてにらみ合うのである。

　このようなトラブルは、最終的には、訴訟提起により、上記①②の要件が具備されているかどうかの判断を裁判所が行うことにより解決されるほかないが、争いの対象となる取消料の額は、訴訟提起するには少額であり、旅行者が泣き寝入りすることも多いと思われる。

　①不可抗力的な後発的事情の発生という要件の具備については、現実に「天災地変、戦乱、暴動、運送・宿泊機関等の旅行サービス提供の中止、官公署の命令その他の事由」が生じていることを要する。たとえば、単に直近にテロがあったというだけでは足りず戦乱、暴動に該当す

ることが必要であったり、単に宿泊先ホテルのそばでデモが行われているというだけでは足りず、運送・宿泊機関等の旅行サービス提供の中止が必要であったり、単に渡航先で新型コロナウイルスの感染拡大が報道されているというだけでは足りず、観光目的施設が外国政府の命令によって閉鎖されていることが必要であったりする。

　②旅行の安全かつ円滑な実施が不可能となり、または不可能となるおそれが極めて大きいときという要件については、その文言上は極めて限定的に具備が認められるにすぎないかのような印象を受けるが、そうではない。この要件は、旅程管理債務による旅行内容の変更では対応できないこと（旅行内容の変更では、旅行の安全を確保できず、あるいは当初の旅行計画との同一性を維持できないこと）を意味しているものであって、たとえば、募集型約款16条2項1号が定める別表第2上欄に掲げるもの（旅程保証の対象となる事項）その他重要な契約内容について、一つでも契約書面に記載されたとおりの実施ができない場合には、具備される。旅程保証の対象となる事項その他重要な契約内容について、旅行業者が契約内容変更権限（募集型約款13条）を行使して変更した場合には旅行者は解除権（募集型約款16条2項1号）を行使することができるのであるから、契約内容変更権限（募集型約款13条）の行使では適切に対応できない場合には旅行者は当然に解除権（募集型約款16条2項3号）を行使することができると考えられる。

　旅行者の解除権（募集型約款16条2項3号）は旅程管理債務および安全確保義務の履行不能による解除権としての法的性格を有すること、旅行業者の解除権（募集型約款17条1項7号）は旅程管理債務および安全確保義務を基礎とする義務履行のための権限としての法的性格を有することを考えると、これらの解除権はもっぱら旅行者の利益のために認められたものであるから、そこでの解除事由は契約からの解放を望む旅行者の利益を重視して解釈されるべきであり、狭く限定的に理解するべきでは

ない。

　実務的には、このような場合、解除を希望する旅行者は、旅行業者に対し、募集型企画旅行契約の解除をできるだけ早期に行うことが適切であり、その際、解除の根拠として、主位的には募集型約款16条 2 項 3 号による取消権の負担なき解除を主張し、もしその要件が具備されない場合に備え予備的に募集型約款16条 1 項による取消権の負担のある任意解除を主張するべきである。

　　(カ)　旅行者への解除権発生の告知義務

　旅行業者は、天災地変等の後発的な不可抗力的事情である解除事由が発生した場合、解除事由発生の事実とこれにより旅行者の解除権（募集型約款16条 2 項 3 号・ 3 項）が発生したことを告知し、旅行者が解除権行使を現実に行使することができるよう、その機会を付与しなければならない。

　このような解除権発生の告知義務は、募集型企画旅行契約に基づく旅行業者の旅行者に対する情報提供義務の一環として、判例上、認められているものである。[106]

⑻　認識・予見義務

　当初作成された旅行計画の忠実な実施に支障を及ぼす後発的な不可抗力的事情の発生についての認識・予見義務は、旅程管理債務を構成する義務であるが、その不履行の態様としては、〔表14〕のようなものがあ

---

[106]　東京地判平成16・ 1 ・28判時1870号50頁は、アメリカ合衆国での同時多発テロ発生の 4 日後に開始された募集型企画旅行について、その後旅行先の一部であるトルクメニスタン共和国内に海外危険情報が発出されたため、旅行が途中で中止された事案で、裁判所は、本件においては、旅行者に旅行開始前において取消料なしに旅行契約を解除しうる約款上の解除権が発生していたが、旅行業者はその解除権についての情報提供義務を怠り、旅行者に解除を検討する機会を与えないまま、旅行に出発したものであるとして、旅行者 1 人あたり 5 万円の慰謝料を認めた。

る。

〔表14〕　認識・予見義務の不履行の態様

予見の有無	後発的事情の程度	旅行業者の行動	法的評価
予見あり	解除事由	解除選択	債務不履行なし
		変更選択	解除時期の遅延→(ア)
	変更事由	解除選択	旅行の断念強制→(イ)
		変更選択	債務不履行なし
予見なし	解除または変更事由	遅滞した解除または変更	解除・変更時期の遅延→(ウ)

　(ア)　後発的事情（解除事由）を変更事由と誤認した場合

　旅行業者が、後発的事情の発生を認識・予見[107]したが、その重大性についての判断を誤り、客観的には解除事由[108]であるのに、変更事由[109]にすぎないと誤認して契約内容変更の措置を講じたにとどまった場合（あるいは、後発的事情をまったく軽視し、契約内容変更の措置も講じなかった場合）は、旅行業者は、みずから解除権を行使せず、あるいは旅行者に対し解除権発生の告知をしなかったことにより、旅行契約の解除時期を遅延させたことにつき、債務不履行責任を問われることになる。

　その損害額は、適時に解除されていたならばあったであろう財産状態と解除が遅延した結果として生じている現実の財産状態との差額に、解

---

[107]　ここでいう「後発的事情」とは、当初作成された旅行計画の忠実な実施に支障を及ぼす後発的な不可抗力的事情を意味する。

[108]　ここでいう「解除事由」とは、後発的事情が、旅行の安全かつ円滑な実施が不可能となり、または不可能となるおそれが極めて大きいという程度に達している場合をいう。

[109]　ここでいう「変更事由」とは、後発的事情が、解除事由には至らず、契約内容の変更により、なお旅行計画の実施が可能な程度である場合をいう。

除権行使の可能性を乗じて算定される。旅行開始前の解除権行使は、旅行代金全額が返還される点で旅行者にとって有利であるから、解除権行使が可能なことを告知されていれば旅行者は解除権を行使した蓋然性が非常に高いと考えられる。

　旅行開始前に解除事由が発生していたのに解除時期が遅延し、旅行業者が誤って旅行者を旅行に連れ出したという場合には、旅行者は、本来は募集型約款16条 2 項 3 号による解除権を行使することができ、あるいは契約内容変更時の説明（募集型約款13条）が解除事由を変更事由であると説明したりせず適切になされていれば募集型約款16条 2 項 1 号による解除権を行使することができたものだから、旅行代金額は、当該債務不履行と相当因果関係のある損害である。

　旅行開始後に解除事由が発生したのに解除時期が遅延し、旅行業者が誤って旅行者を不必要な旅行に連れまわしたという場合には、旅行者は、本来は募集型約款16条 3 項による解除権を行使することができたものだから、旅行代金のうち解除事由発生後の旅行サービスの部分に係る金額は、解除権行使が選択される蓋然性があったときは、当該債務不履行と相当因果関係のある損害である。

　　(イ)　後発的事情（変更事由）を解除事由と誤認した場合

　旅行業者が、後発的事情の発生を認識・予見したが、その重大性についての判断を誤り、客観的には変更事由であるのに、解除事由であると誤認して旅行契約を解除してしまった場合には、旅行業者は、旅行内容変更により旅程管理債務を尽くすべきところを、旅行者に旅行を断念させたことになるから、債務不履行責任を負う。

　このとき、旅行業者は、旅行開始前に解除してしまった場合には慰謝料の賠償義務を負うこととなり、旅行開始後に解除してしまった場合には慰謝料のほか、事案によりさまざまな損害の賠償責任を負うと考えられる。

141

　　(ウ)　後発的事情の発生の認識・予見を欠いていた場合

　旅行業者が、後発的事情の発生をまったく認識・予見しておらず、旅行開始後に旅行契約が解除されたり、契約内容が変更されたりした場合、旅行業者は、旅程管理債務の債務不履行責任を負う。

　旅行開始前に解除事由が発生していたのに、旅行業者がこれを認識・予見せずに旅行者を旅行に連れ出したという場合には、旅行者は、本来は募集型約款16条 2 項 3 号による解除権を行使することができたのに、旅行業者がその告知を怠った結果、解除権の行使機会を喪失したといえるから、旅行代金額は、旅行業者の旅程管理債務の不履行と相当因果関係のある損害である。

　旅行開始前に変更事由が発生していたのに、旅行業者がこれを認識・予見せずに当初の旅行計画に従って旅行者を旅行に連れ出したという場合には、旅行者は、旅行業者が旅行開始前に適切に契約内容変更権限（募集型約款13条）を行使していれば、募集型約款16条 2 項 1 号による解除権を行使することができたものだから、旅行代金額は、旅行業者の旅程管理債務の不履行と相当因果関係のある損害である。[110]

110　大阪地判平成31・ 3・26判タ1465号211頁は、チベット西部の幹線道路である中尼公路を四輪駆動車で移動し、ヒマラヤ山脈の五つの高峰を展望することを見どころとする募集型企画旅行につき、出発直前の平成27年 4 月25日にネパール西部で大地震が発生したが、旅行業者は、チベット自治区人民政府のホームページ上で中尼公路についての交通規制が発表されていたにもかかわらずこれに気づかず、旅行者からの旅行の実施が可能かどうかの問合せに対し、問題ない旨の回答をしたうえ、旅行に出発したものの、途中帰国することになった事案である。この事案で、旅行業者は、ネパール大地震後の交通規制につき、認識・予見を欠いていたものであるが、裁判所は、当該交通規制の発生は解除事由とはいえないと判断して、旅行代金の全額が賠償されるべき損害であるとは認めなかった。しかし、この裁判所の判断は誤りであると考えられる。当該交通規制が解除事由といえないまでも変更事由に該当するならば、募集型約款16条 2 項 1 号による解除権行使の機会を剥奪しているわけであるから、旅行代金の全額が賠償されるべき損害に該当すると判断されるべきものである。

　旅行開始後に変更事由または解除事由が発生していたのに、旅行業者がこれを認識・予見せずに旅行を漫然と続行したという場合には、旅行者は、適時に募集型約款16条3項もしくは募集型約款16条2項1号による解除権を行使する機会を奪われたものであり、解除権行使が選択される蓋然性があったときは、これによって生じた損害の賠償を旅行業者に請求することができる。

(9)　旅程管理責任の免除

　旅程管理債務について定める募集型約款23条は、「ただし、当社が旅行者とこれと異なる特約を結んだ場合には、この限りではありません」と定め、旅程管理債務が特約によって特に限定もなく免除されうることを規定している。

　しかし、後発的事情変更がありうることを前提に、旅行計画のもとに統合された運送・宿泊等の旅行サービスの提供が適切になされるように善管注意義務をもって尽力することが、旅行代金と対価関係にある旅行業者の基本的義務であり、旅程管理債務を特段の理由もなく免除する特約は、募集型企画旅行契約の本質的要素を阻害するものとして、民法548条の2第2項および消費者契約法10条の趣旨に反する不当な内容のものであるといえる。[111]

　したがって、旅程管理債務を特段の理由もなく免除する特約は、不意打ち条項ないし不当条項として民法548条の2第2項および消費者契約法10条により契約内容から排除されるとともに、旅行業者が、上記特約について、標準旅行業約款に基づく本体たる募集型企画旅行契約と一体をなすものとして提示し、上記特約についての締結を拒否することはで

---

[111]　三浦・前掲（注30）141頁も、「旅程管理義務は、企画旅行契約に本質的な義務であり（第3条）、企画旅行として旅行業者が募集して契約をする限りは、これを全面的に免除する特約は許されない。その意味で、本条ただし書の規定は再検討を要すると思われる」と指摘している。

きないものであるかのように不実を告知した場合や（「契約締結の自由」
に関する不実告知）、あるいは、もし上記特約の締結を拒めば標準旅行業
約款に基づく本体たる募集型企画旅行契約に基づく旅行の実施ができな
いかのように不実を告知した場合には（現状誹謗型の消費者契約法 4 条 5
項 3 号所定の重要事項に関する不実告知）、消費者契約法 4 条 1 項 1 号の
定める不実告知取消権により、上記特約を取り消すことができると考え
られる。

　また、旅行業法施行規則32条 2 号・ 3 号は、本邦内の募集型企画旅行
であって、旅行業者が、旅行者に対し、契約の締結の前に旅程管理債務
を負担しない旨を説明し、かつ、旅行計画に定める運送・宿泊等の旅行
サービスの提供を受ける権利を表示した書面（航空券・宿泊券等）を交
付した場合（旅行業法施行規則32条 2 号・ 3 号中のかっこ書の場合）には、
計画遂行債務および旅程管理債務の履行措置を要しないと規定してい
る。その趣旨は、国内旅行であれば、言葉や習慣の問題もなく、航空機
の搭乗手続、ホテルのチェックインや、突発事態への対処も旅行者自身
で可能であるため、旅程管理債務を免除しても旅行者保護に欠けるとこ
ろはないという点にあるとされるが、旅程管理債務が募集型企画旅行契
約における本質的な債務であることからすれば、旅行業法施行規則32条
2 号・ 3 号のような限定を付した場合であっても、旅程管理債務を全面
的に免除する特約の有効性には疑問がある。

　ただ、実務的には、旅行業法施行規則32条 2 号・ 3 号中のかっこ書の
場合に限定して旅程管理債務を免除する特約が付加された募集型企画旅
行契約が行われている。

　国内旅行においては「フリープラン」と題する募集型企画旅行契約が
販売されており、そのパンフレットには、「このパンフレット記載の
コースには、添乗員は同行いたしません。旅程表およびお客様が旅行に
必要なクーポン類をお渡ししますので、旅行サービスの提供を受けるた

めの手続はお客様ご自身で行っていただきます。また、悪天候等お客様の責めに帰すべき事由によらず旅行サービスの受領ができなくなった場合は、当該部分の代替サービスの手配や手続はお客様ご自身で行っていただきます」というような記載がなされているのが通常である。

　インターネット通販で販売されている、いわゆる「ダイナミック・パッケージ[112]」も、旅程管理債務が免除されているのが通例である。

⑽　旅程保証

㋐　概　念

　旅程保証制度とは、企画旅行契約を締結した旅行業者は、旅行者に対し、旅行業者の帰責事由によらず一定の重要な旅行内容の変更が生じたときは、免責事由のない限り、旅行代金に対する一定率の額の変更補償金を支払う責任があるとする制度をいう（募集型約款29条）（旅程保証による支払いにつき〔**表15**〕参照）。

112　ダイナミック・パッケージとは、旅行業者が手配すべき個々のサービス提供業者を旅行業者があらかじめ選定し、旅行者は、当該旅行業者のウェブサイトにリストアップされたサービス提供業者を選択して全体の旅行計画を組み立てる旅行である。旅行者が、航空券等の交通手段とホテルなどの宿泊施設を所定の範囲内で自由に選択することができるため、募集型企画旅行なのか手配旅行なのかが問題になるが、旅行者が全体の日程を組み立てるものの、旅行業者があらかじめ選定し代金を設定した個々のサービス提供業者の範囲内で旅行者が選択することから、観光庁の方針としては募集型企画旅行として取り扱うべきものとされている。ただし、実務的にはこれを手配旅行として販売する旅行業者もある。

〔表15〕　旅程保証による支払い

変更補償金の支払いが必要となる変更	1 件あたりの率（%）	
	旅行開始前	旅行開始後
1　契約書面に記載した旅行開始日または旅行終了日の変更	1.5	3.0
2　契約書面に記載した入場する観光地または観光施設（レストランを含みます。）その他の旅行の目的地の変更	1.0	2.0
3　契約書面に記載した運送機関の等級または設備のより低い料金のものへの変更（変更後の等級および設備の料金の合計額が契約書面に記載した等級および設備のそれを下回った場合に限ります。）	1.0	2.0
4　契約書面に記載した運送機関の種類または会社名の変更	1.0	2.0
5　契約書面に記載した本邦内の旅行開始地たる空港または旅行終了地たる空港の異なる便への変更	1.0	2.0
6　契約書面に記載した本邦内と本邦外との間における直行便の乗継便または経由便への変更	1.0	2.0
7　契約書面に記載した宿泊機関の種類または名称の変更	1.0	2.0
8　契約書面に記載した宿泊機関の客室の種類、設備、景観その他の客室の条件の変更	1.0	2.0
9　前各号に掲げる変更のうち契約書面のツアー・タイトル中に記載があった事項の変更	2.5	5.0

（注1）　「旅行開始前」とは、当該変更について旅行開始日の前日までに旅行者に通知した場合をいい、「旅行開始後」とは、当該変更について旅行開始当日以降に旅行者に通知した場合をいいます。

（注2）　確定書面が交付された場合には、「契約書面」とあるのを「確定書面」と読み替えたうえで、この表を適用します。この場合において、契約書面の記載内容と確定書面の記載内容との間または確定書面の記載内容と実際に提供された旅行サービスの内容との間に変更が生じたときは、それぞれの変更につき1件として取り扱います。

（注3）　第3号または第4号に掲げる変更に係る運送機関が宿泊設備の利用を伴うものである場合は、1泊につき1件として取り扱います。

（注4）　第4号に掲げる運送機関の会社名の変更については、等級または設備がより高いものへの変更を伴う場合には適用しません。

（注5）　第4号または第7号もしくは第8号に掲げる変更が1乗車船等または1泊の中で複数生じた場合であっても、1乗車船等または1泊につき1件として取り扱います。

（注6）　上記9に掲げる変更については、1 ～ 8までを適用せず、9による変更として取り扱います。

(イ)　趣　旨

　旅程保証は、運送機関・宿泊施設等の旅行サービス提供業者の債務不履行が原因で旅行内容の変更が生じた場合でも、旅行業者が第一次的責任ないし窓口責任を負うという意味では、募集型企画旅行契約の法的性質に関する請負契約説または売買契約説による帰結を一部取り込んで創設された旅行者保護のための制度である。

　旅程保証による変更補償金は、旅行業者が債務不履行責任を負うべき場合には支払われないものとされているが（募集型約款29条1項ただし書・3項）、実際上は、少額多数生じうる旅程管理債務の不履行について、旅行者がいちいち損害を主張立証して救済を受けることの困難さを救済するため、一律定型的に旅行者を保護するシステムであるとも評価しうる。[113]

(ウ)　要　件

(A)　支払事由

　募集型企画旅行契約において、別表第2上欄に掲げられた契約内容の重要な変更が生じた場合には、後記の免責事由がない限り、旅行業者は、旅行者に対し、変更補償金の支払いをしなければならない（募集型約款29条1項本文）。

　別表第2上欄に掲げられた契約内容の重要な変更とは、契約書面に記載された、①旅行開始・終了日の変更、②入場観光地または観光施設（レストランを含む）その他の旅行の目的地の変更、③運送機関の低等級への変更、④運送機関の種類または会社名の変更、⑤出発空港・到着空

113　旅程保証については、支払事由が限定されているうえ、変更補償金の額は僅少であって、準委任契約説と請負契約説の対立を背景に、消費者保護を図った意図はよいとしても、その実効性が不十分であり、変更補償金が支払われる事由が限定的である点や、その金額が、それぞれの事由ごとに旅行代金に対する1％～5％の定率であって合計15％を上限としてもよいとされて低額にとどまる点、変更補償金が1000円未満のときは不払いとする点などについては、問題がある。

港の異なる便への変更、⑥国際航空便の直行便から乗継便または経由便への変更、⑦宿泊機関の種類または名称の変更、⑧宿泊機関の客室の種類、設備、景観その他客室の条件の変更、⑨上記①～⑧の変更のうち契約書面のツアー・タイトル中に記載があった事項の変更、である。

　確定書面（最終日程表）が交付されているときは、契約書面の記載ではなく、確定書面（最終日程表）の記載と実際に提供された旅行サービスの内容との間の変更が問題とされる。また、契約書面の記載内容と確定書面の記載内容との間に変更が生じたときも、1件の変更として取り扱われる（別表第2の注4）。

(B)　免責事由

　契約内容の変更が、一定の免責事由（①天災地変、②戦乱、③暴動、④官公署の命令、⑤運送・宿泊機関等の旅行サービス提供の中止、⑥当初の運行計画によらない運送サービスの提供、⑦旅行参加者の生命または身体の安全確保のため必要な措置）による場合（募集型約款29条1項1号）、あるいは募集型約款16条～18条までの規定に基づいて募集型企画旅行契約が解除されたときの当該解除された部分に係る変更である場合（募集型約款29条1項2号）には、変更補償金は支払われない。

　ただし、オーバーブッキングが上記の免責事由や解除事由の発生原因である場合には、旅行業者は変更補償金の支払義務を負う（募集型約款29条1項の二重かっこ書）。旅行業者がオーバーブッキングを口実に変更補償金の支払いをしない事態を避け、また、旅行業者はオーバーブッキングをした宿泊施設や運送機関に対する債務不履行責任を追及して求償することが可能であるため、オーバーブッキングの場合には免責されないと規定されたものである[114]。ここでも、オーバーブッキングに関しては、旅行業者の窓口責任ないし第一次的責任が認められていることにな

114　三浦・前掲（注31）177頁。

る。

　(エ)　効　果

　支払うべき変更補償金の額は、別表第2下欄記載の率を旅行代金額に乗じて算定される。[115] 支払事由たる変更が旅行開始前に生じたときは、変更補償金の率は1.0%〜2.5%までとされているが、支払事由たる変更が旅行開始後に生じたときは、その倍の率とされている。算定された変更補償金の額が1000円未満のときは旅行者への支払いはされない（募集型約款29条2項）。

　変更補償金の支払期日は、旅行終了日の翌日から起算して30日以内である（募集型約款29条1項本文）。

　旅行業者は、変更補償金の支払上限額について定めることができるが、その上限額は、旅行者1名に対して、1旅行につき旅行代金の15%以上でなければならない（募集型約款29条2項）。

　旅行内容の変更につき旅行サービス提供業者から何らかの補償が旅行者になされたとしても、そのことによって旅行業者の変更補償金の支払義務がなくなることはない。

　旅程保証による変更補償金は、手配完成債務・計画遂行債務・旅程管理債務の不履行に基づく損害賠償とは性質を異にしている。損害賠償請求権は旅行業者の帰責事由がある場合に、変更補償金請求権は旅行業者の帰責事由がない場合にそれぞれ発生するものとされ（募集型約款29条3項）、この二つの債権は相互に両立し得ない別個の債権であると整理されている。

　したがって、旅行業者が、債務不履行による損害賠償を請求された場合、既払いの変更補償金があったとしても、弁済の抗弁ではなく、相殺の抗弁を提出することになる（募集型約款29条3項）。

115　標準旅行業約款に定める変更補償金の額は最低限度であり、各旅行業者においてこれを超える金額を支払うことは妨げられない。

5　訴訟実務上の問題点

(1)　総　論

　旅行業者の債務不履行があった場合の損害論については、安全確保義務の不履行の場合には人身傷害が問題となるため、交通事故等の場合と同様に損害が算定されることになり、特段注目するべき点はないが、手配債務・計画遂行債務・旅程管理債務の不履行の場合には、損害算定等にあたり、旅行契約特有の注意点がある。

(2)　解除による原状回復

(ア)　解除と帰責事由

　令和 2 年（2020年） 4 月 1 日施行の改正民法では、解除は、給付障害という観点から、不履行によって契約を維持する利益が失われた債権者を契約の拘束力から解放する制度であるとして位置付けられており、解除は債務不履行をした債務者に対する責任追及の手段ではないから、解除の要件としての債務者の帰責事由は不要であるとされた。

　募集型約款16条 2 項 5 号は、「当社の責に帰すべき事由により、契約書面に記載した旅行日程に従った旅行の実施が不可能となったとき」としているが、「当社の責に帰すべき事由により」という要件は、旧民法のもとでの考え方に基づくものであり、改正民法のもとでは要件として必要とされていないものであるから、改正により削除されるべきである。[116]

(イ)　旅行開始前の解除の場合

　旅行開始前に募集型約款16条 2 項各号または17条 1 項各号により旅行

---

[116]　現時点での募集型約款16条 2 項 5 号の理解の仕方としては、標準旅行業約款は、法定解除権（民法541条・542条）を排斥しているものではなく、法定解除権に付加して、約款による解除権を認めていることを明らかにしたものであると考えれば足りる。

契約が解除された場合、解除の効果としての原状回復により、旅行者は、旅行業者に対し、事前に支払済みであった旅行代金を全額返還請求することができる。[117]

　これに対し、旅行開始前に旅行契約が解除された場合、旅行業者は、旅行者に対し、取消料を含め、金銭請求をすることはできないと解される。[118]

　旅行開始前において、たとえ旅行業者においてすでに手配を済ませた運送・宿泊サービス等の旅行サービスに対する対価を支払済みであったり、そのキャンセルにあたり取消料等を支払う必要があったとしても、そのような仕入取引に要した費用は、すべて旅行業者の自己負担となり、旅行者に請求することはできない。[119]

　　(ウ)　旅行開始後の解除の場合

　旅行開始後に募集型約款16条3項または18条1項各号により旅行契約が解除された場合、解除の効果は、将来に向かってのみ生じると規定されている。この解除の効果の非遡及は、募集型企画旅行契約の法的性質が準委任契約であること（民法652条による民法620条の準用）からも当然である。[120]

　したがって、旅行開始後の解除がなされると、旅行業者は、旅行者に対し、旅行計画に定められた運送・宿泊等の旅行サービスのうち、解除の時点で未履行の部分について、履行をするべき債務を免れるとともに

117　旅行開始前に解除権が行使された場合には、準委任契約における解除の効果の非遡及（民法652条による民法620条の準用）は、標準旅行業約款上、排除されており、旅行者は旅行契約の遡及的消滅を理由に、既払いの旅行代金の返還を請求することができる。

118　募集型約款17条1項各号による解除については、この点を明示する規定はおかれていない。

119　旅行開始前の解除の場合に、旅行業者が旅行者に対して金銭の支払請求ができないことの根拠としては、旅行開始前においては、対価危険（民法567条1項）を旅行業者が負担しているからであると考えるべきである。

に、旅行者は、旅行業者に対し、解除の時点で未履行の旅行サービスに係る旅行代金の返還を請求することができる。

　ただし、旅行開始後の解除があった場合には、たとえ旅行者に帰責事由のないときでも、旅行計画に定められた運送・宿泊等の旅行サービスのうち、解除の時点で未履行の部分につき、旅行業者においてすでに手配を済ませて対価を支払済みであったり、そのキャンセルにあたり取消料等を支払う必要がある場合には、そのような仕入取引に要した実費を、旅行業者は、旅行者に対して請求することができる（募集型約款16条4項ただし書・18条3項）[121]。遡及効のある、通常の解除の効果は、①契約の締結時からの遡及的消滅、②契約締結時を基準時とする原状回復義務の発生であるところ、旅行開始後の解除の効果は将来に向かってのみ生じるため、①契約の解除時点からの遡及的消滅、②契約解除時を基準とする原状回復義務が発生することになる。そのため旅行者は、旅行業者に対し、解除の時点で未履行の旅行サービスに係る旅行代金の返還を請求することができ、旅行業者は、旅行者に対し、解除の時点で未履行

---

[120]　継続的な役務提供契約における解除の効果の非遡及（民法620条）は、本来的には遡及的に契約が全部解消され、解除時までに提供されていた役務給付については、「既履行の役務給付に支払われるべき対価」と「既履行の役務給付の評価額」を当事者双方が清算するべきところ、この両者は同額になるのが通常だから、相殺扱いをして清算を済ませるという趣旨のものである（飯島紀昭「解除、解約告知、合意解除——契約解消の要件と効果」法教231号（1999年）24頁）。その意味では、既履行部分は通常は清算済みとみなしてよいから、解除の効果が不遡及とされているものであり、民法620条による解除の効果の非遡及は、例外を許さないものではない（後藤徳司「継続的契約の無効と原状回復の範囲——保険契約における既払保険料を中心として」判タ874号（1995年）49頁）。

[121]　契約成立時には、「旅行業者は仕入取引の条件について、旅行者に対して開示することを要しない」（旅行業法施行要領第一・3の4項）とされているが、旅行業者が旅行者に対し、解除に伴う原状回復に際して仕入取引に要した実費を請求するためには、その明細を示して現実に経費を要したことを立証しなければならない。

の旅行サービスに係る実費の返還を請求することができるのである。

　旅行開始後の解除がなされた場合、旅行業者は、旅行者に対し、準委任契約上の顛末報告義務（民法645条）の履行として、また、募集型約款18条3項に基づく精算義務の履行として、解除の時点で未履行の旅行サービスに係る旅行代金および実費の内訳を根拠を示して説明しなければならない。旅行開始後の解除がなされた場合に、旅行業者が、募集型企画旅行契約を構成する各旅行サービスに要する費用内訳を旅行者に開示しなくてよい理由はなく、もし旅行業者が内訳開示を拒んだ場合には、顛末報告義務（民法645条）の債務不履行を構成することになると考えられる。民事訴訟法上は、文書提出命令（民事訴訟法220条）が認められる。

(3)　損害賠償請求

㋐　損害賠償と帰責事由

　改正民法415条1項は、「債務者がその債務の本旨に従った履行をしないとき又は債務の履行が不能であるときは、債権者は、これによって生じた損害の賠償を請求することができる。ただし、その債務の不履行が契約その他の債務の発生原因及び取引上の社会通念に照らして債務者の責めに帰することができない事由によるものであるときは、この限りでない」と規定している。

　債務不履行による損害賠償請求権は、債権者に対し、履行利益（契約

122　東京地判平成20・8・26WLJにおいて、裁判所は、旅行業者は仕入取引の条件について、旅行者に開示することを要しない旨規定する旅行業法施行要領第一・3の4項は、旅行業者が、運送・宿泊事業者等の旅行サービス提供機関との間で、取引条件について自由に交渉を行い、合意の内容に沿って旅行サービスを仕入れ、その結果として、当該旅行サービスで構成される旅行商品の販売価格についても自己のリスクにおいて任意に設定することができるという企画旅行契約の性格からして、旅行業者は、旅行代金の内訳を旅行者に明示することを要しないという法解釈を明らかにしたものにすぎないと解されるとし、これが旅行者の権利を制限する違法なものであるとは認められないと判断した。

上の債務が完全に履行されることによって債務者が受ける利益）を、金銭的価値に形を変えて実現保障することを目的としている。

　債務不履行の場合に債務者が損害賠償責任を負担する根拠は、契約の拘束力（契約のもとでのリスク引受け）にある。すなわち、債務者は契約によって引き受けた内容を実現する約束をしており、不履行が生じたときは原則としてこれによる損害を賠償する責任がある。これに対し、不履行の原因が契約において想定されず、かつ、想定されるべきものでもなかったとき（債務者に帰責事由がないとき）は、不履行をもたらした事態から生じるリスクは債務者に分配されておらず、債務不履行による損害を債務者に負担させることはできないとされる。

　旅行契約においては、帰責事由がないことの主張立証の実際については、次のとおり考えられる。

　旅行契約における旅行業者の債務である、手配完成債務および計画遂行債務は、いずれも結果債務（債務者が結果の実現まで約束し、目的達成が契約内容となっている債務）であり、結果が実現しなかったときは、これが不可抗力によらない限り債務者である旅行業者に帰責事由があり、旅行業者は旅行者に対して損害賠償責任を負担する。

　旅程管理債務は、手段債務（債務者が結果の実現に向けて合理的に尽力することまでしか約束しておらず、合理的な注意をもって目的達成を目指すことが契約内容となっているにすぎない債務）であるが、契約内容変更権限（募集型約款13条）の行使要件として契約内容変更の理由の説明が必要であると規定されている結果、旅行業者の旅程管理債務の不履行を追求する旅行者は、まずは、最終日程表で示された当初の旅行計画の内容と異なる旅行が実施されたことを主張立証すれば足り、これに対して、旅行業者において、契約内容変更権限を行使して当初の旅行計画とは異なる旅程で旅行を実施したことは正当であったことを説明しなければならない立場になる。

154

　したがって、旅行者が、旅行業者の手配債務・計画遂行債務・旅程管理債務の不履行を理由として損害賠償請求をするについては、実務上は、①旅行者において、最終日程表と異なる旅程での旅行の実施の事実を主張し、これに対し、②旅行業者が、当該旅程変更の理由を説明してそれが正当であることを主張し、これに対し、さらに、③旅行者において、旅行業者の説明では旅程変更を正当化できないとして、結果債務である手配債務または計画遂行債務が不履行とされたものであると主張したり、あるいは、手段債務である旅程管理債務を履行するにあたり旅行業者がとるべきであった具体的な義務内容とその違反を主張する、という形で進行することになる。

　　(イ)　損害項目

　　　(A)　旅行代金相当額

　損害とは、債務不履行がなかったと仮定したら債権者がおかれたであろう利益状態と、債務不履行がされたために債権者が現実におかれている利益状態との差を、金額で表示したものをいう。

　旅行業者の手配完成債務、計画遂行債務または旅程管理債務の不履行を受けた旅行者としては、既履行の旅行サービス相当額との損益相殺の問題はあるものの、まずは支払済みの旅行代金相当額の損害を被ったとの主張をすることになる。[123]

　この点、解除の遡及効制限の問題と混乱して、旅行者において損害賠償請求ができるのは未履行の旅行サービス相当額であるから、未履行の旅行サービス相当額について旅行者が主張立証責任を負うと解してはな

123　募集型企画旅行契約において取引対象とされているのは、「旅行計画のもとに統合された運送・宿泊等の旅行サービスの提供が適切になされるように善管注意義務をもって尽力する」との内容を有する1個の役務給付であり、対価たる旅行代金は、このような旅行計画の円滑かつ安全な実施全般に対して包括的に支払われている。したがって、旅行契約の債務不履行があった場合、旅行者は、旅行代金相当額をもって損害であると主張することができる。

らない。履行に代わる損害賠償請求権と解除による原状回復請求権は、それぞれ別個の請求権であり、解除による原状回復請求権によって反対給付が戻ってきている限度で、これが損害額から差し引かれて減少するという関係にあるにすぎない。¹²⁴旅行者が、旅行契約の債務不履行による損害賠償請求をする場合、主張立証するべき損害額は旅行代金額であり、これに対し、旅行業者が抗弁として、既履行の旅行サービスがあることおよびその評価額を主張立証して損益相殺を求めるという主張立証責任の分配となるものである。

(B)　支出を余儀なくされた帰路の航空機運賃等

旅行開始後に旅行業者の債務不履行で旅行が中断する結果となった場合には、旅行者は、そのため支出を余儀なくされた帰路の航空機運賃等の積極損害の賠償を求めることができる。

(C)　慰謝料

旅行業者が募集型企画旅行契約について債務不履行をした場合、旅行者は、休暇を無為に過ごすことになったことによる精神的苦痛、旅行で目的としていた楽しみを奪われた精神的苦痛等につき慰謝料請求をすることができる。

その慰謝料額の算定にあたっては、旅行の目的、旅行代金額、旅行者の受けた不利益の重大性と継続期間、旅行業者の過失の程度などが考慮

124　河上正二「契約の無効・取消と解除（その2）」法教160号（1994年）77頁は、「損害賠償は解除そのものの効果ではなく、解除の原因となった有責な債務の不履行・不完全履行という事実によって惹起された損害の賠償を命ずるものとみるべきであろう（民法415条）。……解除固有の効果というのは、当事者を契約関係の拘束から解放することと、それまでに履行されたものについて清算をして、いわば契約がなかったと同じような状態に引き戻すことに尽きる。ただ、通常の債務不履行だけの場合と違って、原状回復請求権によって反対給付が（ある程度）手元に戻ってきているので、同じく損害賠償をするといってもその分だけ差し引いて賠償範囲を考える必要があり、その限りで解除の効果と結びついているに過ぎないわけである」と指摘している。

されるべきである。[125]

(D)　弁護士費用

　債務不履行に基づく損害賠償請求においては、弁護士費用は原則として損害に含まれないと解されるが、旅行者側が主張立証すべき事実が不法行為に基づく損害賠償を請求する場合とほとんど変わらない場合など、訴訟上その権利行使をするには弁護士に委任しなければ十分な訴訟活動をすることが困難な類型に属する請求権については、例外として相当と認められる範囲の弁護士費用は、当該債務不履行と相当因果関係に立つ損害に含まれると解するのが相当である（安全配慮義務に関するものであるが、最判平成24・2・24集民240号111頁の考え方が参考になる）。[126]

(E)　解除権発生後の旅行サービス相当額の損益相殺的控除の可否

　旅行業者が解除権発生の告知義務を怠った結果、旅行者に解除権行使の機会を与えないまま、解除権発生後も旅行業者による旅行サービスの提供が続けられた場合に、当該解除権発生後に履行した旅行サービスの客観的価値（市場価格）を、旅行代金相当額から損益相殺的に控除し、結果的に旅行業者が懐に納めることを認めるのでは、旅行者にとっては実質的には解除権不告知のままの取引を強制されることと等しく、解除権付与による自己決定権保障の趣旨を損なうし、情報提供（説明）義務を懈怠した旅行業者に利得を与えることになり、違法行為抑止の観点からも相当ではない。[127]したがって、解除権の告知義務違反がなければ適時に解除権が行使されていたであろう時点以降に、旅行業者が旅行契約に基づく旅行サービス提供を行ったとしても、これは損益相殺の対象となる利益とは評価されない。[128]

125　高橋弘「パック旅行における非財産的損害の賠償適格性とEC裁判所判決(1)〜(3)」廣島法學35巻1号〜3号（2011年）参照。

126　前掲（注110）大阪地判平成31・3・26の引用である。

　仮に、一歩譲って、上記のような既履行の旅行サービスについて、損益相殺的調整を認めるとしても、相殺されるべき給付の価額は、市場価格によるものではなく、次のとおり、現存利益（たとえば食事代金はこれに当たると思われる）に限定され、あるいは、旅行者の主観的価値によって算定されるべきである。

　すなわち、解除権行使の機会を与えないまま旅行サービスの提供が継続された場合の損益相殺的調整の問題は、詐欺・不実告知等による取消原因のある契約が履行後に取り消された場合の不当利得の問題と類似していると考えられるところ、詐欺・不実告知等によって契約が取り消された場合の給付利得の価額償還については、「出費の節約」論により現存利益に限定されるとする見解や、「押し付けられた利得」論によって、返還すべき利得は、契約目的や志向といった個別的事情からみた受益者自身にとっての評価額（主観的価値）に縮減されるべきであるとの見解が有力であり、これらの見解を準用するべきであると考える。

127　最判平成22・6・17民集64巻4号1197頁は、「社会通念上、建物自体が社会経済的な価値を有しないと評価すべきものであるときには、上記建物の買主がこれに居住していたという利益については、当該買主からの工事施工者等に対する建て替え費用相当額の損害賠償請求において損益相殺ないし損益相殺的な調整の対象として損害額から控除することはできないと解するのが相当である」と判示しており、参考になる。

128　損益相殺は衡平の理念に基づくものであるところ、解除権不告知後のサービス提供は、債務者による情報提供義務の不履行がなされた後、さらに債務者が不注意を重ねてみずからの損害を拡大しているものにほかならず、拡大損害を債権者に転嫁するのは衡平ではない。また、損益相殺の要件としては、債権者が損害を受けたのと同時に同一の原因によって利益も受けたこと、および、損害と利益に同質性があることが要求されるところ、解除権不告知後のサービス提供には、発生原因の同一性も損害と利益の同質性も認められない。

129　損害賠償と不当利得という違いはあるが、いずれも自己決定権を侵害する態様で他方契約当事者から押し付けられた給付の評価が問題となっている。

⑷　履行補助者

㋐　履行補助者の概念

　履行補助者とは、債務者が債務の履行のために使用する者をいう。債務者が使用した履行補助者の作為・不作為によって不履行が生じた場合には、債務者が債務不履行責任を負う。

　その理由に関しては、学説上、以下のように説明されている。

　伝統的な通説は、履行補助者の故意過失を債務者の帰責事由の問題、すなわち「債務者の故意過失または信義則上これと同視すべき事由」のうち、「信義則上これと同視すべき事由」として位置付けている。そのうえで、履行補助者を、債務者が自分の手足として使用する「真の意味の履行補助者」と、債務者に代わって履行の全部を引き受けてする「履行代行者」に分類し、前者については、債務者は常に履行補助者の故意過失について責任を負い、後者のうち、履行代行者の使用が法律または特約で禁じられているのに債務者が使用した場合はそのこと自体が債務不履行となって履行代行者の故意過失を問わず債務者は責任を負い、明文上履行代行者の使用が許されている場合は債務者は代行者の選任または監督に過失があった場合に責任を負い、どちらでもない場合には債務者は履行代行者の故意過失について責任を負うとされている。

　今般の民法改正においては、履行補助者責任を契約不履行責任の一般的な枠組みの中に位置付け、契約目的との関係で問題を把握する考え方が採用された。これによれば、契約による債務の内容を特定したうえで、その履行行為として補助者の行為がどのように評価されるか（契約上補助者の使用による不履行がいずれの負担によるものとされていたか、債務者がみずからの負担で補助者を使用する意思を有していたか等）という観点から、責任負担の有無が決されることになる。

　いずれにせよ、旅行業者が、その債務を履行するにあたり、履行補助者を用いれば、上記のような履行補助者の理論に基づき、債務不履行責

任を負うものであって、この点は、一般の契約法理にすぎず、特に標準
旅行業約款の規定を待つまでもなく、当然である。

　　㈦　手配代行者

　手配代行者とは、旅行業者が、手配完成債務の全部または一部を代行
させる、本邦内または本邦外の旅行業者、手配を業として行う者その他
の補助者をいう（募集型約款 4 条）。

　旅行業者が手配代行者を利用することは、募集型約款 4 条により包括
的に認められているが、国内旅行の手配行為を行う旅行サービス手配業
者（いわゆるランドオペレーター）は、営業所所在地の都道府県知事の登
録を受けなければならないとされているから（旅行業法23条）、国内旅行
の手配については、登録業者である手配代行者を利用するべきである。

　手配代行者は、旅行業者が手配完成債務について使用する履行補助者
であり、手配代行者が故意または過失により旅行者に損害を与えたとき
は、旅行業者がその損害を賠償する責めに任じるものとされている（募
集型約款27条 1 項）。

　手配完成債務の履行にあたり、旅行業者がチケット手配を依頼した相
手方が、手配代行者であるのか、それとも興行主催者の代理人であるの
かが問題となることがあるが、手配代行者にアクセスしたにとどまる旅
行業者には、当然、手配完成債務の不履行があることになる。[130]

　　㈧　添乗員等

　添乗員とは、募集型企画旅行に同行して旅程管理業務その他の業務を

---

[130]　①名古屋地判平成11・ 9 ・22判タ1079号240頁、②京都地判平成11・ 6 ・10判
時1703号154頁は、いずれもサッカーワールドカップフランス大会における日本対
アルゼンチン戦の観戦を旅程に組み込んだ募集型企画旅行において、旅行業者が
観戦チケットを入手できなかった事案であるが、①判決は、長年取引のある手配
代行業者にチケット手配を委託したにすぎない旅行業者は債務不履行責任がある
旨判断し、②判決は、大会組織委員会から認定された公式代理店との間でチケッ
ト購入契約をした旅行業者には債務不履行はない旨判断した。

行う者をいう（募集型約款25条１項）。

　添乗員を旅行に同行させるか否かは、旅行業者が旅行計画作成にあたって決定する。添乗員の同行の有無については、募集広告に必ず表示しなければならないし（旅行業法12条の７、契約規則13条）、契約書面（実務的には最終日程表）においては、「旅程管理業務を行う者が同行しない場合にあっては、旅行地における企画者との連絡方法」（旅行業法12条の５第１項、契約規則９条１号ニ）が必要的な記載事項とされる。

　添乗員のうち「旅行者に同行して旅程管理業務を行う者のうち主任の者」は、旅程管理主任者の資格を有していなければならない（旅行業法12条の11第１項）。

　旅程管理主任者には、国内旅行のみに添乗可能な国内旅程管理主任者と海外旅行および国内旅行の両方に添乗可能な総合旅程管理主任者の２種類がある。旅程管理主任者の資格を得るには、国家試験に合格したうえ、旅程管理研修と旅程管理業務に関する実務経験が必要である。

　添乗員は、旅行業者が計画遂行債務、旅程管理債務について使用する履行補助者であり、また、安全確保義務についても履行補助者となる。

　添乗員が旅程管理債務その他の業務に従事する時間帯は、原則として８時から20時とされている（募集型約款25条）。

6　募集型企画旅行契約に基づく情報提供義務

(1)　準委任契約における報告義務

　民法656条が準用する民法645条は、「受任者は、委任者の請求があるときは、いつでも委任事務の処理の状況を報告し、委任が終了した後は、遅滞なくその経過及び結果を報告しなければならない」と規定している。

　その趣旨は、委任者にとって、委任事務等の処理状況を正確に把握するとともに、受任者の事務処理の適切さについて判断するためには、受

任者から適宜上記報告を受けることが必要不可欠であるためと解されて
いる。[131]

(2)　消費者契約としての委任契約における情報提供義務

　消費者契約としての準委任契約において、事業者が消費者からの信頼
を受けて一定の権限を付与され、消費者のために事務処理を行うという
法律関係では、委託された事務に関して、消費者である委任者は情報を
有しない一方で、事業者である受任者は情報を有していること（情報格
差の解消による委任者の自己決定基盤の確保の必要性）、および、事業者で
ある受任者は有償で継続的に事業を行う専門家として、みずからを信頼
して依存する消費者である委任者の正当な利益に配慮するべきこと（専
門家に対する正当な信頼の保護の必要性）から、事業者である受任者は、
民法645条が規定する、「請求があったときに報告する」という消極的応
答義務だけではなく、委任者に判断の機会を与えるためにみずから積極
的に報告をするという積極的告知義務も、負担していると考えられる。

(3)　旅行業者の旅行者に対する情報提供義務

　標準旅行業約款上の募集型企画旅行契約の法的構成は、準委任契約で
あると解されており、受任者たる旅行業者は、委任者たる旅行者に対
し、報告義務を負っている。

　そして、募集型企画旅行契約において、旅行者は、旅行先の地理や言
語、風俗等に関して深い知識がなく、また、交通手段、宿泊施設、食事
等についてもみずからは用意することができず、これらすべてにおいて
旅行業者に依存せざるを得ない。これに対し、旅行業者は、旅行に関す
る専門的事業者として高い情報収集力を有するのが通常であり、旅行計
画に基づく旅行の実施を有償で依頼された専門家として旅行者から寄せ
られる信頼に応える責務がある。

131　共同相続人の一人が被相続人名義の銀行口座につき一定期間の取引経過の開示
　を求めた事案についての最判平成21・1・22民集63巻1号228頁。

したがって、旅行業者は、旅行者に対して、旅行の安全かつ円滑な実施に関する事項など契約目的となった旅行に関する情報提供義務を負っているものである。[132]

(4)　旅行者への解除権発生についての告知義務

旅行者は、標準旅行業約款上、以下のような場合に、募集型企画旅行契約の解除権を有する。なお、①〜⑥は旅行開始前の解除権である。

① 　任意解除権（募集型約款16条 1 項）

② 　契約内容変更時の解除権（募集型約款16条 2 項 1 号）

③ 　経済情勢の変化による旅行代金増額時の解除権（募集型約款16条 2 項 2 号）

④ 　旅行の安全かつ円滑な実施が不可能なときの解除権（募集型約款16条 2 項 3 号）

⑤ 　確定書面不交付のときの解除権（募集型約款16条 2 項 4 号）

⑥ 　旅行業者の債務不履行のときの解除権（募集型約款16条 2 項 5 号）

⑦ 　旅行開始後の旅行サービス受領不能のときの一部解除権（募集型約款16条 3 項）

旅行業者は、どのような場合に旅行者に解除権が発生するのかという約款（取引条件）自体に習熟しているとともに、旅行計画に基づく旅行の安全かつ円滑な実施ないしその見通しに関する情報は旅行業者に偏在しており、特に、旅行の実施状況に応じてその発生が左右されるような、上記のうち、②契約内容変更時の解除権（募集型約款16条 2 項 1 号）、④旅行の安全かつ円滑な実施が不可能なときの解除権（募集型約款16条 2 項 3 号）、⑦旅行開始後の旅行サービス受領不能のときの一部解除

132　たとえば、最終日程表の航空機の出発時間が当該外国における夏時間であることを説明していなかった場合（「苦情事例に学ぶ(74)」じゃたこみ2019年 7 月号13頁）や、宿泊予定ホテルのストライキを説明していなかった場合（「苦情事例に学ぶ(70)」じゃたこみ2019年 2 月号13頁）には、情報提供義務違反となりうる。

権（募集型約款16条 3 項）については、旅行者は、みずからに解除権が
発生する状況となったのかどうかさえ、旅行業者からの説明がなければ
認識できない。旅行業者と旅行者との解除権発生に関する情報格差は大
きいと言わざるを得ない。

　したがって、旅行者に解除権が発生した場合には、旅行業者は、旅行
者に対して当該解除権発生について告知義務を負うものであり、解除権
発生についての告知義務の懈怠は、解除権行使の機会の剥奪の結果を生
ぜしめたと評価されることになる。

　解除権発生についての告知義務違反により、旅行業者が、旅行者に解
除権行使の機会を喪失させたときの損害額は、民事訴訟法248条の適用
のもとで、旅行者が解除権を行使していたと仮定した場合のあるべき財
産状態と、解除権を行使しなかった結果として生じた現実の財産状態と
の差額を基本に、解除権行使の可能性の程度に応じて算定されると考え
られる。

　募集型約款16条 2 項が定める旅行開始前における各種解除権の行使
は、旅行代金全額が返還されるため、旅行者に有利であり、募集型約款
16条 2 項の解除権が発生したときは、当該ツアーに拘泥せず別の機会に
また別のツアーに参加すればよいと考えて、当該解除権を行使するのが
通常人の対応であると考えられ、解除権行使の蓋然性は極めて高いとい
える。

　これに対し、募集型約款16条 3 項が定める旅行開始後における解除権
の行使は、一部解除であり、既履行の旅行サービスについての清算が必
要となるほか、帰路の航空機の手配を旅行者の経済的負担で行う必要が
生じる可能性がある等の点から、解除権行使の機会を与えられていたと
しても、必ず解除権が行使されるかは個別事案によるといわざるを得な
い。

　なお、任意解除権（募集型約款16条 1 項）については、もともと旅行

者が自由に行使しうる解除権であるため、旅行業者の情報提供義務と常に関係しているわけではない。しかし、旅行者が、旅行開始前に生じた天災地変等の発生により、旅行計画が無事実施されるかどうか危惧して、任意解除権（募集型約款16条1項）の行使の是非を判断するため、安全性や旅行中断の可能性について旅行業者に問い合わせた場合、旅行業者は、合理的な注意をもって誠実に調査を尽くしたうえで、正確な情報を回答するべき義務を負っており、旅行業者の旅行者に対する回答が、善管注意義務を尽くさない不正確な情報提供であった場合には、任意解除権（募集型約款16条1項）の行使機会の剥奪の結果を生ぜしめたものとして、旅行代金額から、任意解除権行使可能時点における取消料の額を控除した金額につき、旅行業者は旅行者に対し損害賠償しなければならない。[133]

(5)　安全に関する情報提供義務

　旅行業者は、安全確保義務の一環として、旅行者に対し、旅行先での危険性を告知して、旅行者みずからその危険に対処する機会を与える注意義務を負っている。

　情報提供義務は、情報の偏在が認められ、かつ、当該情報が重要である場合に認められやすくなるが、旅行先における情報に関しては、専門業者である旅行業者と旅行者との間には情報の質および量についての格差があるのが通例であり、また、生命・身体に対する危険性に関する情

133　前掲（注110）大阪地判平成31・3・26は、ヒマラヤ山脈の五つの高峰を展望することを見どころとする募集型企画旅行で、旅行業者が、ネパール大地震後、チベット自治区人民政府のウェブサイト上で中尼公路の交通規制を実施することが発表されていたにもかかわらずこれに気づかず、旅行者からの旅行の実施が可能かどうかの問合せに対し、問題ない旨の回答をしたうえ、旅行に出発してしまったという事案であるが、裁判所は、旅行業者は旅行者に対し、付随義務として、任意解除権の行使の前提として、旅行の安全かつ円滑な実施の可否に関する情報を提供する義務があり、これを怠った以上は、任意解除されたとしたら返金されたはずの旅行代金の50％および慰謝料・弁護士費用の賠償責任を負うと判断した。

報は、極めて重要な情報であるため、旅行業者の債務として情報提供義
務が発生すると認められる可能性は高いといえる。
　裁判例では、テロや感染症（マラリア）が問題となった。[134] [135]

134　厚生労働省検疫情報管理室ウェブサイト「FORTH」が海外の感染症について
　　注意を促している。
135　東京地判平成18・11・29判タ1253号187頁は、南部アフリカツアー中にマラリ
　　アに罹患し、帰国後に発症した旅行者が、当初は病院でマラリアだと診断されず、
　　時間が経過して死亡したため、旅行者の遺族が旅行業者に対し、マラリアの危険
　　性を告知する義務とツアー後の注意喚起義務を怠ったとして損害賠償を請求した
　　事案である。裁判所は、特に海外旅行の場合には、旅行に伴う危険は国内旅行の
　　場合に比し一層高度なものとなること、主催旅行契約においては、旅行の目的地
　　および日程、旅行サービスの内容等の主催旅行契約の内容は旅行業者が一方的に
　　定めて旅行者に対し提供し、旅行代金も旅行業者がその報酬を含めて一方的に定
　　めるものであり、旅行者は、提供された契約内容・旅行代金の額を受け入れるか
　　否かの自由しかないのが通常であること、旅行業者は、旅行についての専門業者
　　であること等を考えると、旅行業者は、主催旅行契約の相手方である旅行者に対
　　し、主催旅行契約上の付随義務として、旅行者の安全を図るため、旅行目的地、
　　旅行日程、旅行サービス提供業者の選択等について、あらかじめ十分に調査・検
　　討し、社会通念上、旅行一般に際して生じうる可能性がある各種の危険とは異な
　　る程度の高度の発生可能性を有する格別の現実的危険が存在する場合には、当該
　　危険に関する情報を旅行者に対して告知すべき信義則上の義務があるとしつつも、
　　本件ツアーで滞在、訪問した地点におけるマラリア罹患の危険性については、い
　　ずれもその可能性が極めて乏しいあるいは低いものであり、旅行一般において生
　　じうる各種の危険と比べて、ことさらその危険性が高いものと認めることはでき
　　ないとして、予見可能性を否定し、義務違反を認めなかった。また、旅行後の注
　　意喚起義務についても、自らの健康を管理するのは旅行者自身で、また、旅行業
　　者は医療機関ではなく、旅行業者において各旅行者の体調等について逐一状況を
　　把握することは困難であるため、旅行業者としては、原則として帰国後の体調管
　　理に関する情報提供や注意喚起を行う義務を負うことはなく、例外的に、罹患の
　　危険性の高い疾病等があった事実を認識した場合や、旅行者自身の申出、問合せ
　　があった場合に、適切な措置を講ずる義務を負うにとどまるとして、旅行業者の
　　責任を否定した。マラリアについて、致死率が高い点は情報提供義務が肯定され
　　る方向に働くが、他方、罹患率が低いこと、予防接種が存在しないことは、情報
　　提供義務が否定される方向に働くと考えられる。

7　安全確保義務

(1)　概　念

募集型企画旅行契約における旅行業者の安全確保義務とは、募集型企画旅行契約上の付随義務として、旅行者の生命・身体・財産等の安全を図るため、旅行目的地、旅行日程、旅行サービス提供業者の選択等に関し、あらかじめ十分に調査・検討し、専門業者としての合理的な判断をし、また、その契約内容の実施に関し、遭遇する危険を排除すべく合理的な措置をとるべき信義則上の義務をいう（安全確保義務の内容につき〔表16〕参照）。

〔表16〕　安全確保義務の内容

安全な旅行計画作成義務	安全確保のために日本国内において可能な調査（当該外国の旅行業者、公的機関等の協力を得てする調査も含む）、資料の収集を行ったうえ、旅行の目的地および日程、移動手段等の選択に伴う特有の危険（たとえば、旅行目的地において感染率の高い伝染病、旅行日程が雨期にあたる場合の洪水、未整備状態の道路を車で移動する場合の土砂崩れ等）が予想される場合に、その危険をあらかじめ回避する手段を講じるなどして、安全な旅行行程を設定するべき注意義務
安全なサービス提供機関選定義務	旅行先の外国における法令上資格のある宿泊・運送等のサービス提供機関を選択し、これとサービス提供契約を締結するようにする注意義務
添乗員による具体的危険排除措置義務	旅行業者の履行補助者として、旅行の具体的状況に応じて、旅行者の安全を確保するために適切な措置を講じる義務（ただし、みずから認識しうる一見明白な危険につき対処すれば足りるとされている）

(2)　理論上の根拠

安全確保義務について直接的に定めている規定は、旅行業法にも標準旅行業約款にも見当たらない。[136]安全確保義務の概念・内容は、判例に

よって形成されてきたものである。

　募集型企画旅行契約においては、旅行業者は、あらかじめ、みずからの専門知識と経験を駆使して旅行計画を作成し、このような旅行計画の安全性を信頼した旅行者を募集することを営業として利益を得ているため、専門家として予想される危険を回避するべく合理的な判断を行い、添乗員等の指示に従って旅行計画に基づき受動的に身体を移動させていくこととなる旅行者の生命・身体の安全を確保するべき契約上の付随義務を負っている[137]。

(3)　法的性質

　安全確保義務の法的性質は、募集型企画旅行契約上の信義則に基づき認められる付随義務である[138]。

(4)　内　容

　募集型企画旅行契約を締結した旅行業者が負う安全確保義務の内容としては、下記のものがあると指摘されている[139]。

136　平成17年（2005年）4月1日施行の標準旅行業約款改正により、募集型約款26条に保護措置が規定されたが、これは安全確保義務の一部を定めたものであると考えられる。

137　安全確保義務の理論的根拠としては、①旅行計画に従った身体的移動という面で、旅行者に対する身体的拘束がみられ、旅行者の身体を預かった旅行業者にはその安全を図る責任があること、②旅行計画は旅行業者が旅行者の関与なしに策定するものであり、旅行計画に基づく旅行の安全性について旅行者は意見を反映させる機会もなく旅行業者に依存せざるを得ないのであって、旅行業者こそが旅行の安全を確保するべき地位と責任を有していること、③旅行者は、旅行計画に基づく旅行の実施が安全なものと信頼して応募しているものであり、旅行業者は旅行に関する専門家として、旅行者から寄せられた信頼を基盤に営業利益を得ている以上、その信頼に応える責務があること、が考えられる。

138　付随義務とは、当事者の合意に基づき発生する給付の実現に向けられた給付義務に対比される、合意がなくとも信義則に基づき発生する、給付利益を保護しあるいは当事者の生命・身体・財産その他の利益（完全性利益）を保護するため、当該契約の趣旨に照らして必要な行為をなすべき義務をいう。

139　東京地判平成元・6・20判タ730号171頁参照。同判決の事案は、台湾でのパッ

(ア)　安全な旅行計画作成義務

　旅行業者には、安全確保のために日本国内において可能な調査（当該外国の旅行業者、公的機関等の協力を得てする調査も含む）、資料の収集を行ったうえ、旅行の目的地および日程、移動手段等の選択に伴う特有の危険（たとえば、旅行目的地において感染率の高い伝染病、旅行日程が雨期にあたる場合の洪水、未整備状態の道路を車で移動する場合の土砂崩れ等）が予想される場合に、その危険をあらかじめ回避する手段を講じるなどして、安全な旅行行程を設定するべき注意義務がある。

(イ)　安全なサービス提供機関選定義務

　旅行業者には、旅行先の外国における法令上資格のある宿泊・運送等のサービス提供機関を選択し、これとサービス提供契約を締結するよう[140・141・142]

クツアー中、旅行者が乗車したバスが、対向車を避けようとしてハンドル操作を誤り、道路外に転落して死傷者が出たという事案であったが、同判決は、①旅行行程設定に関する過失については、交通の頻繁な幹線道路であった本件事故現場を含む道路をバス行程とした本件旅行行程の設定につき安全確保義務違反は認められない、②運送サービス提供機関選定上の過失については、旅行業者としては旅行先の国における法令上資格ある運送機関と運転手を手配し、かつ、法令上運行の認められた運送手段を選定することで足りるので、本件では安全確保義務違反は認められない、③添乗員の過失については、添乗員の義務は、車体の老朽または著しく磨耗したタイヤが装着されている等の外観から危険性が容易に判断しうるときにそのバスの使用をやめさせること、酩酊運転、著しいスピード違反運転または交通規制の継続的無視のような乱暴運転など事故を惹起する可能性の高い運転をやめさせること、台風や豪雨等の一見して危険とわかる天候となったときに旅程変更の措置をとることといった義務に尽きるので、本件では安全確保義務違反は認められない、と判断しており、その後の海外でのバス事故に関する裁判例は、この判決の判断を踏襲している。

140　大阪地判平成20・9・30交民集41巻5号1323頁において、海外募集型企画旅行でのバス乗車中、バス運転手がスピード制限のため道路上に設けられている盛土をスピードを緩めることなく通過しようとしたため、最後尾座席に座っていた旅行者が座席から跳ね上げられて頭部を打撲した事案につき、裁判所は、安全確保義務のうち、運送サービス提供機関選定に関する義務につき、①旅行業者は、実際に旅行サービスを提供する運送機関や宿泊機関等の専門業者を必ずしも支配下

にする注意義務がある。¹⁴³

においているわけではないから、これらの専門業者に対しては個々の契約を通じて旅行者に提供させるサービスの内容を間接的に支配するしかないこと、②当該旅行の目的地が外国である場合には、これらの専門業者が外国政府の統治下にあるため、旅行者に提供させるサービスに関する支配はより一層制約を受けることとなること、③さらに、外国旅行の場合、日本国内における平均水準以上の旅行サービスと同等またはこれを上回る旅行サービスの提供をさせることが不可能なことがありうるし、現地のサービス提供機関についての調査にも制約がありうること等の諸事情を勘案すると、旅行先の国における法令上資格ある運送機関と運転手を手配し、かつ法令上運行の認められた運送手段を選定することで足りるというべきであると判示した。

141　東京地判平成25・4・22WLJ において、トルコへの海外募集型企画旅行中のバス横転事故による死傷事故につき、旅行者が、旅行業者に対し、当該バスがトルコの法令上要求される交通省の許可を得ていなかったこと等を理由に安全確保義務違反を理由する損害賠償を求めた事案につき、裁判所は、本件バスは法令上の許可を得ていなかったが、本件バスには事故原因となるような不具合があったとは認められないのであり、許可がないことが本件事故の原因となったとは認めることができないとして請求を棄却した。

142　東京地判平成22・12・24WLJ において、海外募集型企画旅行中の小型航空機利用による移動中に墜落事故が起きた事案につき、負傷した旅行者が、操縦士が習熟度試験に合格しておらず不定期便を操縦することを許されていなかった等と主張して、旅行業者の安全確保義務違反を理由に損害賠償を求めた事案につき、裁判所は、旅行業者は、募集型企画旅行契約の相手方である旅行者に対し、募集型企画旅行契約上の付随義務として、旅行者の安全を図るため、旅行目的地、旅行日程、旅行サービス提供業者の選択等について、あらかじめ十分に調査・検討し、専門業者としての合理的な判断をし、また、その契約内容の実施に関し、遭遇する危険を排除すべく合理的な措置をとるべき注意義務を負うと判示しつつも、運送サービス提供機関の選定等の場面についていえば、旅行業者としては、特段の事情がない限り、法令上運行の認められた運送手段を選定し、かつ、旅行先の国における法令上資格のある運送機関と運転手を手配することで足りるとし、本件では、航空機および操縦士について、何らかの事故を発生させうるような危険が存在していたことは否定できないが、具体的にそれらの危険を予見し、また、予見できたとはいえないとして、請求を棄却した。

143　運送・宿泊等の旅行サービス提供業者の選定は、安全確保義務の履行上、非常に重要であると考えられ、単に現地の法令に適合している機関を選定すれば良いとするのでは不十分である。この点、山田希「旅行中の事故と旅行業者の安全確

㈮　添乗員による具体的危険排除措置義務

　添乗員は、旅行業者の履行補助者として、旅行の具体的状況に応じ
て、旅行者の安全を確保するために適切な措置を講じる義務を負う。た[144・145]

保義務――『危険責任』原理に基づく責任の正当化と運用上の諸問題」名古屋大
學法政論集254号（2014年）708頁は、上記の緩い基準を採用する裁判例がその理
由として、旅行業者は運送機関・宿泊施設等が提供する旅行サービスの内容を間
接的に支配しているにすぎない、外国政府の統治下では旅行サービスに関する支
配は一層制約を受けることになる、日本国内における平均水準以上の旅行サービ
スと同等またはこれを上回るサービスの提供をさせることが不可能なことがあり
うるし、現地のサービス提供機関についての調査にも制約がありうる、といった
点をあげている点を批判し、「しかし、旅行先の国と日本とで旅行サービスの水準
に著しい格差が存在するような場合には、上記の理由は説得力を欠く。サービス
提供者が外国政府の統治下にあるとしても、個々の契約を通じた安全基準の確保
が可能であるかどうかを調査するべきであり、調査の結果、必要な安全基準を満
たす提供者が確保できなければ、その旅行の募集は断念すべきである」と指摘し
ており、同感である。

144　東京地判平成18・8・25WLJ において、世界一周旅行の船旅を内容とする海
外募集型企画旅行で、船室の同室者が結核に罹患していたため、帰国後に保健所
で検査を要するとされて受診を余儀なくされた旅行者が、旅行業者に対して賠償
を求めた事案において、裁判所は、旅行業者は、船舶という狭い空間内に多数の
旅行者を乗船させ、海上という他の世界とは容易に往来のできない場所を航行し、
長期間の船旅を主宰するにあたり、旅行参加者の健康状態の管理に配慮すべきで
あり、医師を常駐させ、一定の検査機器を備えるなどして、病気の原因を把握し、
あるいは、適切に最寄りの港に寄港し、専門医の検査を受けられる体制を整える
などし、伝染病が疑われた参加者が出たときは、その者を隔離するなどして、他
への感染を防止すべき安全配慮義務があると判示し、もっとも、各人の健康管理
は、第1次的には参加者自身が行うべきであって、ある参加者がすでに病気に罹
患していたが、自分自身の健康状態に気づかずに旅行に参加していたために他の
参加者に悪影響が出たとしても、直ちに、主催者が当然にそれについての全責任
を負わなければならないというわけではない、と判断して請求を棄却した。

145　大阪高判平成7・2・27WLJ において、国内募集型企画旅行で、兼六園に設
けられた団体旅行用の写真撮影台から、カメラマン兼補助的な添乗員の指示に従っ
て移動中に転落し、腰椎骨折の傷害を負ったものの、病院に連れていかれること
もなく放置された旅行者が、旅行業者に対し、安全配慮義務および保護義務違反
を理由に損害賠償を求めた事案において、裁判所は、写真撮影台が不安定で混み

だし、添乗員は、みずから認識しうる一見明白な危険につき対処すれば
足りるとされている。

⑸　旅行の各段階に応じた安全確保義務の履行

　安全確保義務は、その性質上、旅行計画の作成段階、手配完成債務の
履行段階、旅行開始から旅行終了までの旅行実施段階（計画遂行債務・
旅程管理債務の履行段階）を通じて、履行が要求される。

　安全確保義務の内容については、損害賠償を求める旅行者において、
その具体的な義務内容と違反行為の事実を特定する必要があるが、その
際、観光庁の発行するパンフレット「旅行業界のための旅行安全マネジ
メントのすすめ」が参考になる。

　上記パンフレットでは、判例を分析した結果、安全確保については、
旅行の実施段階に応じて、〔表17〕の6項目が義務付けられているとし
ている。

〔表17〕　旅行安全マネジメント

企画手配	①安全な目的地と旅行行程の設定（自然災害など最新情報に基づく安全を配慮した企画）
	②安全な旅行サービス提供業者の選定（安全を配慮した企画・手配）
	③安全調査の実施
販　売	④安全に関する説明義務
実　施	⑤添乗員による旅行者の安全を確保するための適切な措置
	⑥緊急時対応（危険回避義務）

あって危険なものであったことを前提に添乗員の指示が明確かつ適切なものでは
なかったとして安全配慮義務違反を認め、また、負傷の有無・程度を確認し、医
療機関に同行するなどの適切な措置をとるべき保護義務違反を怠ったとして、損
害賠償を認めた。

　また上記パンフレットでは、PDCA サイクル[146]に基づき、旅行安全マネジメントの取組体制を構築することが提唱されているが、そのうち「DO（実行）」には、以下のような記載がある。

①　企画段階における安全確保

　　訪問地の安全情報を確認するとともに、ツアー行程において事故を誘発するような無理が生じていないか、お客様の年齢、体力面への配慮、ツアー登山での安全対策等、安全性を確保した企画設定になっているか、を確認する。

②　手配段階における安全確保

　　訪問地の安全情報および手配したサービス提供機関の安全情報を入手するとともに、サービス提供機関に依頼するサービス内容が現地法令に基づいているか、適切に安全管理されているか、を確認する。

③　販売段階における危険・リスク情報の提供

　　外務省の海外危険情報、気象庁の噴火予報や気象情報、ツアーオペレーターからの最新情報や旅行の参加基準など、お客様に対して安全にご旅行いただくための情報提供が的確に行われているか、を確認する。また、海外旅行にあっては保険の加入や「たびレジ」[147][148]の

146　PDCA サイクルとは「Plan（計画）」、「Do（実行）」、「Check（評価）」、「Action（改善）」の頭文字をとった継続的業務改善をめざす手法をいう。

147　海外旅行傷害保険とは、海外旅行中に被った傷害・疾病による死亡・後遺障害・治療費用や、賠償責任、携行品損害、救援者費用などを補償する保険である。傷害死亡保険金および傷害後遺障害保険金については定額払いであるが、海外では治療費が高額になる実情があるため治療費は実費が支払われる。一般社団法人日本旅行業協会（JATA）は、「知って安心、知って得する海外旅行保険」と題するわかりやすいパンフレットを発行している。なお、一般的なクレジット・カード付帯保険でも、上記のような保険事故を一部カバーしているが、疾病による死亡保障がなく、治療費用や救援車費用等の保障やアシスタンスサービス等のサポート体制が不十分だったり旅行代金のカード決済が保険適用の条件することがあるため、クレジット・カード付帯保険は過信しないことが必要である。

登録促進を行う。

④　旅行実施段階時における安全確保

　　現地の気象情報や危険情報の入手に努め、ツアーオペレーター・ガイド・添乗員・訪問個所との連携により、場合によっては旅程を見直すなど、お客様の安全確保を優先する対応が行われる体制ができているか、を確認する。

⑤　緊急時の対応

　　有事の際に、営業時間内はもちろんのこと、夜間・休日にも速やかに対応する緊急連絡体制が構築されているか、常に有効なデータが更新されているか、また、事故発生時にスムーズに対応できるようツアーオペレーター側の対応責任者と、旅行会社側の担当者および責任者で、現場対応・家族対応など役割が明確になされているか、を確認する。

(6)　因果関係

　旅行者が、旅行業者に対して、安全確保義務違反を理由に、発生した生命・身体・財産についての損害につき賠償請求をするには、旅行者の安全確保義務違反だけではなく、当該安全確保義務違反によって旅行者の生命・身体・財産につき損害が発生したこと（因果関係）を主張立証しなければならない。

　この安全確保義務違反行為と損害との間の因果関係を考えるにあたっては、労災保険上の業務災害について論じられる、業務遂行性と業務起因性の考え方が参考になる。

　すなわち、旅行業者の安全確保義務違反行為によって、旅行者の生命・身体・財産につき損害が発生したというためには、①旅行計画に従った旅行の実施中に（旅行業者の予見可能性・結果回避可能性が及ぶ範

148　たびレジとは、外務省海外安全情報配信サービスをいう。

囲で）、②旅行が原因で発生したこと（日常生活にもある危険ではなく、旅行に伴って発生増加した危険が現実化したこと）という二つの条件を満たすことを要すると考えられる。

たとえば、自由時間中にたまたま交通事故に遭ったという場合は、旅行業者が旅行者に対し外国特有の警戒するべき交通ルール等の告知を怠らなかったというような場合には、旅行業者の管理が及ばないものとして、①の条件を欠くとして因果関係が否定されることがありうる。また、たとえば、ツアーで利用したホテルの階段でたまたま滑って転倒したという事故の場合、旅行計画に従った身体の移動によって特段転倒の危険性が増大したというわけではなく、日常生活を送るにあたってもともと存在した転倒の危険性が、たまたま旅行のときに現実のものになったにすぎないと評価され、②の条件を欠くとして因果関係が否定される場合がありうる。

⑺　保護措置

旅行中の旅行者が、疾病、傷害等によって保護を要する状態となった場合、旅行業者は、当該旅行者の生命・身体の安全確保のため、必要な措置を講じなければならない。当該措置に要した費用は、旅行者の負担となる（募集型約款26条）。

旅行業者は、旅行開始後に、「旅行者が病気、必要な介助者の不在その他の事由により旅行の継続に耐えられないとき」には、募集型企画旅行契約を解除することができるが（募集型約款18条1項1号）、この解除権は、保護措置を講ずるための権限であるとみることができる。解除後、旅行者の求めがあるときは、旅行業者は、旅行者の費用負担で、旅行者が出発地に戻るために必要な旅行サービスの手配を引き受けなければならない（募集型約款20条）。

保護措置は、旅行業者の権限であるが、安全確保義務の一環でもあり、これを怠った場合には、旅行業者は債務不履行責任を負う。

　旅行者が旅行中、疾病、傷害等によって保護を要する状態となった原因のいかんを問わず、旅行業者は保護措置を講じなければならないが、特に、先行する旅行業者の安全確保義務違反の結果、旅行業者の要保護状態が生じた場合には、手厚い保護措置が必要となると考えられ、その場合には保護措置に要した費用も旅行業者が負担しなければならない（募集型約款26条）。

⑻　特別補償責任

　特別補償制度は、企画旅行参加中の事故による旅行者の身体傷害（細菌性食中毒を除く）および手荷物損害に対し、死亡補償金、後遺障害補償金、入院見舞金、通院見舞金および携帯品損害補償金を、旅行業者が帰責事由の有無にかかわらず旅行者に支払うとする制度である（募集型約款28条）（特別補償金の支払いにつき〔表18〕参照）。

〔表18〕　特別補償金の支払い

<table>
<tr><td colspan="2">損害の内容</td><td>国内旅行の場合</td><td>海外旅行の場合</td></tr>
<tr><td rowspan="4">身体損害</td><td>事故の日から180日以内に死亡した場合</td><td>1500万円</td><td>2500万円</td></tr>
<tr><td>事故の日から180日以内に後遺障害が生じた場合</td><td colspan="2">障害の程度に応じて上記の金額の3％～100％</td></tr>
<tr><td>事故の日から180日以内に入院した場合</td><td>入院期間に応じて2万円～20万円</td><td>入院期間に応じて4万円～40万円</td></tr>
<tr><td>3日以上通院した場合</td><td>通院日数に応じて1万円～5万円</td><td>通院日数に応じて2万円～10万円</td></tr>
<tr><td>手荷物損害</td><td colspan="3">一企画旅行について15万円を限度とする（3000円未満足切り）</td></tr>
</table>

　企画旅行参加中に急激かつ偶然の外来の事故によって身体に傷害を被った場合で、事故から180日以内に死亡のときは、海外旅行で2500万

円、国内旅行で1500万円、後遺障害のときは、その程度に応じて死亡補償金の３％ないし100％の金額が旅行業者から支払われる。海外旅行の場合、入院見舞金は、程度に応じて４万円〜40万円、通院見舞金は２万円〜10万円であり、国内旅行の場合はその半額である。携帯品損害補償金は、15万円を上限とする（特別補償規程）。

　なお、オプショナル・ツアー参加中の事故については、特別補償の対象となる（募集型約款28条４項）。また、自由行動日については、契約書面に明示すれば特別補償の対象外とすることができる（特別補償規程２条２項）。

　特別補償責任は、企画旅行契約の性質について準委任契約説に立脚したうえで、簡易迅速な救済が特に要請される人身損害について実質的に請負契約説の解決を採用した折衷的な性格のものとして把握される。[149]

⑼　オプショナル・ツアー

㋐　概　念

オプショナル・ツアーとは、募集型企画旅行に参加中の旅行者を対象として、自由行動時間等を利用し、別途の旅行代金を収受して実施される任意参加の小旅行をいう。

㋑　種　類

オプショナル・ツアーには、本体たる募集型企画旅行を主催した旅行業者（以下、「主催旅行業者」という）がみずから募集して実施している場合と、主催旅行業者以外の現地業者が募集して実施している場合とがある。

㋒　募集型約款上の取扱い

　観光庁の通達である「企画旅行に関する広告の表示基準について」においては、広告表示（パンフレット）には、オプショナル・ツアーにつ

149　森嶋・前掲（注64）25頁。

き、少なくとも、①オプショナル・ツアーの企画者が企画旅行業者と異なる場合にあっては、その旨、②ツアーの内容、料金、取消料その他の実施条件、③ツアーの申込方法を表示しなければならないとされている。

　主催旅行業者がみずからオプショナル・ツアーを主催する場合には、オプショナル・ツアーは主たる募集型企画旅行契約の内容の一部として取り扱われており（募集型約款28条 4 項）、特別補償は、主たる募集型企画旅行とオプショナル・ツアーとで二重に支払われるのではなく、一つの事故について一回だけ支払われる。

　　　㈢　安全確保義務

　主催旅行業者がみずからオプショナル・ツアーを主催する場合には、オプショナル・ツアーは主たる募集型企画旅行契約の内容の一部であり（募集型約款28条 4 項）、主催旅行業者は、オプショナル・ツアーについても、他の主たる旅程と同様の安全確保義務（安全な旅行計画作成義務、安全なサービス提供機関選定義務、添乗員がオプショナル・ツアーに同行する場合には添乗員による具体的危険排除措置義務）を負う。

　これに対し、主催旅行業者がみずからオプショナル・ツアーを主催しない場合には、主催旅行業者は、オプショナル・ツアーを実施する現地の旅行サービス提供業者を選定しているものにほかならず、「安全なサービス提供機関選定義務」のみを負担する。具体的には、オプショナル・ツアーを実施する現地業者について、当該外国での法令上の資格の有無、事故の前歴の有無等の調査を行ったうえ、安全な業者を選定するべきことになる。[150]

　　　㈣　外観法理に基づく責任

　上記のとおり、主催旅行業者がみずからオプショナル・ツアーを主催する場合には、主催旅行業者は、安全確保義務の内容として安全な旅行計画作成義務も負うことになり、現地の別業者をオプショナル・ツアー

実施主体として選定する場合に比べ、重い責任を負う。

　主催旅行業者がみずからオプショナル・ツアーを主催しない場合には、その旨をパンフレットにおいて表示しなければならないところ、もし当該表示がなければ、旅行者は、主催旅行業者がみずからオプショナル・ツアーを主催しているものと信じることになる。

　そのため、主催旅行業者は、たとえ実際は現地業者がオプショナル・ツアーを主催したときであっても、パンフレットにその旨を表示していない場合には、名板貸しの責任（商法14条、会社法9条）の類推[151]により、みずからがオプショナル・ツアーを主催したのと同様の安全確保義務を負担することがありうる。

150　東京地判平成23・5・10WLJ において、北欧への海外募集型企画旅行に参加した旅行者が、旅程中に設けられていた、別の運営会社が主催する犬ぞり体験のオプショナルツアーに参加したところ、横転事故に遭い傷害を負ったとして、旅行業者に対し損害賠償を求めた事案について、裁判所は、本件運営会社が事前に国に対して事業登録をしていたこと、事故歴がなかったこと、過去にも顧客を受け入れた実績があること等を指摘して、安全確保義務におけるサービス提供機関選定上の過失はないと判断した。

151　商法14条は、「自己の商号を使用して営業又は事業を行うことを他人に許諾した商人は、当該商人が当該営業を行うものと誤認して当該他人と取引をした者に対し、当該他人と連帯して、当該取引によって生じた債務を弁済する責任を負う」と規定しているところ（会社法9条も同旨）、この規定は、権利外観法理、すなわち、虚偽の外観作出につき帰責事由のある者は、その外観を過失なく信頼して取引に入った者に対し、外観どおりの責任を負うべきであるとの法理に基づくものであり、判例（最判平成7・11・30民集49巻9号2972頁）も、その類推適用を認めている。

第5　募集型企画旅行契約における旅行者の義務

1　旅行代金の支払義務

(1)　旅行代金支払時期

　旅行者は、旅行業者に対し、旅行開始日までの契約書面に記載する期日までに、契約書面に記載する金額の旅行代金を支払わなければならない（募集型約款12条1項）。

　旅行契約は、役務提供契約であり、その特徴である即時消費性から同時履行は困難であり、旅行サービス提供と代金の支払いは、いずれかが先履行とならざるを得ないが、募集型企画旅行契約における旅行代金の支払時期については、前払いの原則が定められているものである。

　なお、旅行者から多額の前受金を収受したまま破綻した株式会社てるみくらぶの事例を契機に、一般社団法人日本旅行業協会（JATA）と一般社団法人全国旅行業協会（ANTA）は、共同で「海外募集型企画旅行の企画・実施に関する指針——前受金の異常な膨らみを防止するために」という表題の自主規制ルールを策定した。この指針では、「60日前20%の原則」が定められ、海外募集型企画旅行においては、申込金の収受額は旅行代金の20%相当額以内とし、残余の旅行代金の収受時期は旅行開始日の前日から起算してさかのぼって60日目にあたる日以降とされている。

(2)　代金未払解除擬制

　旅行者が契約書面に記載する期日までに旅行代金を支払わないとき

は、当該期日の翌日において旅行者が募集型企画旅行契約を解除したものとみなされる。この場合において、旅行者は、旅行業者に対し、任意解除権に関する募集型約款16条１項に定める取消料と同額の違約料の支払義務を負う（募集型約款17条２項）。

(3)　運賃の変更による旅行代金の増減

募集型企画旅行契約で提供される運送機関の運賃が、著しい経済情勢の変化等により、大幅に増減額された場合、旅行業者は、当該運賃の増減額の範囲内で旅行代金の額を増減することができる（募集型約款14条１項）。これは、事情変更の原則を約款により定めたものと解されるが、その適用がありうるのは、オイルショックのような著しい経済情勢の変動により通常想定される程度を大幅に超えて運賃の増減があったような例外的な場合に限定される。

(4)　利用人員の変更に伴う旅行代金の増減

(ア)　原　則

募集型約款14条５項は、「当社は、運送・宿泊機関等の利用人員により旅行代金が異なる旨を契約書面に記載した場合において、募集型企画旅行契約の成立後に当社の責に帰すべき事由によらず当該利用人員が変更になったときは、契約書面に記載したところにより旅行代金の額を変更することがあります」と定めている。

したがって、募集型企画旅行契約が成立した後、２人部屋を使用する

152　事情変更の原則とは、契約締結当時の社会的事情や契約成立の基礎となった事情にその後著しい変動を生じ、契約内容をそのまま強制することが信義則に反するに至った場合に、不利益を受ける当事者が契約の解除または変更を求めることのできる原則をいう。その要件は、①契約締結の基礎となった事情にその後著しい変更を生じたこと、②事情変更が契約締結当時には予見不可能で、しかも両当事者の責めに帰すべからざる事由によって生じたこと、③契約内容をそのまま維持すると信義則に反する結果になること、である。事情変更によって不利益を受ける当事者は、相手方に対して契約内容の改訂を求めることができる。相手方が改訂を拒否した場合または改訂が不可能な場合には契約を解除しうるとされる。

予定の旅行者のうち 1 人の都合が悪くなって、その 1 人が契約を任意解除すると、残ったもう 1 人は、募集型約款14条 5 項所定の契約書面（パンフレットおよび旅行条件書）に 1 人部屋追加料金の記載がある場合には、これを負担しなければならない。

　もちろん、任意解除権を行使した旅行者は、募集型約款16条 1 項所定の取消料を支払わなければならないので、 2 人部屋を予約した当該 2 人のグループ全体でみると、任意解除による取消料と 1 人部屋追加料金の二重の請求を受けることになる。

　　(イ)　例外（ 1 人分の旅行代金額を超過する場合）

　募集型約款14条 5 項をそのまま適用すると、グループ全体をみた場合に、任意解除による取消料と 1 人部屋追加料金の合計額が、 1 人分の旅行代金の額よりも大きくなる場合がありうるが、これは不当である。

　 2 人部屋での宿泊を予定していた 2 人の旅行者のうち 1 人がキャンセルをすると、必然的に他方の旅行者には 1 人部屋追加料金が発生することになるから、この場合の取消料の額は、 1 人部屋追加料金による損害の補填をあらかじめ織り込み済みのうえ決定されるべきである。

　したがって、 1 人部屋追加料金を考慮すると、合計額が 1 人分の旅行代金の額を超過するような取消料の額の定めは、平均的損害額（消費者契約法 9 条 1 号）を超えるものとして超過部分につき無効であると解するべきである。

　また、本件のような場合、旅行業者は、任意解除を申し出た旅行者に対し、キャンセルすると取消料と 1 人部屋追加料金の合計額が 1 人分の旅行代金を超過するので、かえって経済的に不利益であることを、事前に情報提供するべきであり、旅行業者がこのような情報提供を怠った場合には、募集型約款16条 1 項所定の取消料の定めが、不意打ち条項と評価される場合もありうる。不意打ち条項に該当する場合には、取消料の定めが不存在であったのと同様に取り扱われ、取消料の支払義務はなく

なると考えられる。

⑸　旅行代金の払戻し

　旅行業者は、旅行者から旅行代金を前払いで支払いを受けるが、旅行代金が減額された場合（募集型約款14条 3 項〜 5 項）または募集型企画旅行契約が解除された場合（募集型約款16条〜18条）には、払戻金が生じることがある。

　旅行業者の旅行者に対する払戻金の支払期日は、①旅行開始前の解除による払戻しにあっては、解除の翌日から起算して 7 日以内、②減額または旅行開始後の解除による払戻しにあっては、契約書面に記載された旅行終了日の翌日から起算して30日以内である（募集型約款19条 1 項）。

2　旅行業者の指示に従う義務

　旅行者は、旅行開始後旅行終了までの間において、団体で行動するときは、旅行を安全かつ円滑に実施するための旅行業者の指示に従わなければならない（募集型約款24条）。

　募集型企画旅行契約における旅行実施にあたっては、旅行参加者が団体で行動することが要求される場面が数多くあり、旅行業者の旅行参加者に対する指示権限は、旅行業者が計画遂行債務を適切に履行するための手段的権限である。

　旅行業者は、旅行開始後に、「旅行者が旅行を安全かつ円滑に実施するための添乗員その他の者による旅行業者の指示への違背、これらの者又は同行する他の旅行者に対する暴行又は脅迫等により団体行動の規律を乱し、当該旅行の安全かつ円滑な実施を妨げるとき」（募集型約款18条

153　財産についての安全確保義務の一環として要求される情報提供義務であると考えられ、単にパンフレットや旅行条件書に募集型約款14条 5 項で要求されている記載があるというだけでは足らず、具体的場面で旅行者に認識させるよう説明が必要である。

1項2号）には、当該旅行者との間の募集型企画旅行契約を解除することができる。

3　旅行地における契約不適合の申出

　旅行者は、旅行開始後において、契約書面に記載された旅行サービスを円滑に受領するため、万が一契約書面と異なる旅行サービスが提供されたと認識したときは、旅行地において速やかにその旨を旅行業者に申し出なければならないとの規定がある（募集型約款30条3項）[154]。

　この規定は、旅行者に努力義務を定めたものであり、旅行者が募集型約款30条3項に定める契約不適合の申出をしなかったとしても、何ら権利義務を左右されることはない。

　この点、募集型約款30条3項の義務に反した旅行者は、債務の履行がなされなかったことによる損害（履行不能に基づく損害）の主張はなし得ないことになるものと解されるとする見解がある[155]。しかし、そのような見解には賛成できない。なぜなら、①募集型約款30条3項にそのような失権効があると解釈することは文言上無理があるし[156]、②もし失権効を定めた約款条項であるとすれば、任意規定である民法566条に比べ著し

154　この申出義務は、契約書面と異なる旅行サービスが適用された場合に、旅行者からの即時の申出があれば、旅行業者において比較的迅速に苦情対応できることから定められているものであり、森嶋・前掲（注64）28頁は、申出先について、添乗員その他の「旅行業者が指示した連絡先」を必ず定めるよう文言を改めることを提言する。

155　三浦・前掲（注31）184頁。たとえば、約定のオーシャンビューの部屋が用意されていないのにその場ではまったく指摘せずに帰国してから異議申立てをした場合には、旅行者は損害を主張し得ないとする。

156　約款条項は、顧客が自己の権利義務を確実に認識し、見通すことができるよう、正確に、確定的に、平易に、できる限り明瞭に記述されなければならないのであり（透明性原則）、明示的に明らかにされていない旅行者に不利な失権効が解釈によって出現することはあり得ない。

く旅行者に不利であるため、民法548条の 2 第 2 項および消費者契約法
10条に抵触し無効とならざるを得ないし、③損害拡大抑止義務が認めら
れる局面でもないからである。

4　契約不適合責任の期間制限

　募集型約款27条 1 項は、「当社は、募集型企画旅行契約の履行に当
たって、当社又は当社が第 4 条の規定に基づいて手配を代行させた者
（以下「手配代行者」といいます。）が故意又は過失により旅行者に損害を
与えたときは、その損害を賠償する責に任じます。ただし、損害発生の
翌日から起算して 2 年以内に当社に対して通知があったときに限りま
す」と規定している。
　募集型約款27条 1 項本文は、民法415条 1 項と同様の、債務不履行に

157　有償契約に広く準用されている民法556条は、債権者に対し、給付が種類・品
　　質に関して契約に適合しないときは、その不適合を知った時から 1 年以内にその
　　旨を債務者に通知することを求め、通知しないときには、債務不履行責任を追及
　　できないものと規定している。その趣旨は、①履行が終了したとの債権者の期待
　　を保護する必要があること、②給付の不適合は比較的短期間で判断が困難になる
　　ため法律関係を早期に安定化させる必要があることから、債権者の権利行使に期
　　間制限を設けることにある。任意規定たる民法で失権までに 1 年の猶予が与えら
　　れているのに、「旅行地で速やかに」通知しなければ失権するというのでは、信義
　　則に反して顧客（旅行者）の利益を一方的に害しているといわざるを得ない。
158　損害拡大抑止義務は、履行遅滞を受けた債権者が債務者に対し損害賠償請求を
　　した場合に、債権者が履行請求に固執せず解除と代替取引を選択すれば損害の量
　　的拡大を抑止し得たときは、事業者たる債権者が経済的効率性を軽視する選択を
　　したことに鑑み、民法416条にいう通常生ずべき損害の解釈上（最判平成21・ 1 ・
　　19民集63巻 1 号97頁）あるいは民法418条の過失相殺の法理により、賠償される損
　　害額を減少させるという考え方であるが、旅行先において不慣れな旅行者がみず
　　から代替取引をすることは期待できず、また旅行契約の履行遅滞において損害の
　　量的拡大が生じる事態も生じないと考えられるから、損害拡大抑止義務は、募集
　　型約款30条 3 項の義務違反による賠償請求の制限という解釈を正当化する根拠と
　　はなり得ない。

よる損害賠償請求の一般論を規定したものと理解するべきである。募集
型約款27条 1 項本文にいう「故意または過失によ」らない場合とは、民
法415条 1 項の「その債務の不履行が契約その他の債務の発生原因及び
取引上の社会通念に照らして債務者の責めに帰することができない事由
によるものであるとき」[160]と同様に解釈されるべきである。

　また、募集型約款27条 1 項ただし書は、民法566条の特則を定めた約
款条項であると理解しうる。

　民法566条[161]（民法559条により有償契約に広く準用されている）は、「売主
が種類又は品質に関して契約の内容に適合しない目的物を買主に引き渡
した場合において、買主がその不適合を知った時から 1 年以内にその旨
を売主に通知しないときは、買主は、その不適合を理由として、履行の

159　民法415条 1 項は、「債務者がその債務の本旨に従った履行をしないとき又は債
　務の履行が不能であるときは、債権者は、これによって生じた損害の賠償を請求
　することができる。ただし、その債務の不履行が契約その他の債務の発生原因及
　び取引上の社会通念に照らして債務者の責めに帰することができない事由による
　ものであるときは、この限りでない」と規定している。

160　民法415条 1 項ただし書の「債務者の責めに帰することができない事由」によ
　る場合に、債務者が債務不履行による損害賠償請求を免れる根拠は、契約の趣旨
　に照らして債務不履行をもたらす原因となった事態が想定されていなかった場合
　には、債務不履行による損害を債務者に負担させることを契約の拘束力から正当
　化することができないことに求められる。したがって、「債務者の責めに帰するこ
　とができない事由」とは、「債務不履行の原因につき、契約の趣旨及び取引通念に
　照らして、債務者がそのリスクを負担すべきだったと評価できない事由」を意味
　し、過失責任主義（人には行動の自由があり、過失がなければ責任は生じないと
　する考え方）のもとでの「無過失」（債務発生原因とは無関係に定まる行為義務違
　反）を意味するのではない。

161　民法566条による契約不適合責任の期間制限は、①目的物引渡後における、履
　行が終了したとの売主の期待を保護する必要があること、②物の種類または品質
　に関する不適合は、目的物の使用や時間経過による劣化等により比較的短期間で
　判断が困難になるため法律関係を早期に安定化させる必要があることから、買主
　の権利行使に期間制限を加える趣旨のものであり、責任を追及する意思表示まで
　要求されず、単に不適合の通知が必要とされるにすぎないと理解されている。

追完の請求、代金の減額の請求、損害賠償の請求及び契約の解除をすることができない。ただし、売主が引渡しの時にその不適合を知り、又は重大な過失によって知らなかったときは、この限りでない」と規定している。

　募集型約款27条１項ただし書は、民法566条と同様、旅行が無事終了したと信じた旅行業者の期待を保護するとともに、旅行業者に事実関係の調査と証拠保全の機会を与える趣旨のものであり、起算点および通知期間につき、民法上は「不適合を知ったときから１年以内」とされているところ、約款上特則を設けて「損害発生の翌日から起算して２年以内」としたものである。なお、民法566条ただし書と同様、旅行終了時に旅行業者が損害の発生を知り、または重大な過失によって知らなかったときは、旅行業者は、募集型約款27条１項ただし書の適用を主張し得ないと解するべきである。[162]

　手荷物についての損害については、損害の発生の翌日から、国内旅行の場合は14日以内、海外旅行の場合には21日以内に、旅行業者への通知があったときに限り、賠償が認められる（募集型約款27条３項）。また、手荷物についての損害の賠償額の限度は、旅行者１名につき、15万円とされている。ただし、旅行業者に故意または重過失がある場合には、賠償額は15万円に限定されずに賠償されることになる（募集型約款27条３項かっこ書）。

　以上のような、旅行者からの通知を要求する約款条項は、損害賠償請求権自体の消滅時効期間を左右するものではない。[163]また、このような約款による通知が必要とされるのは、債務不履行による損害賠償を請求する場合のみであり、不法行為による損害賠償を請求する場合には、このような約款上の制限は及ばず、通知なくして損害賠償請求をすることが

162　この場合には、旅行業者が、旅行が無事終了したと信じるべき理由はなく、また、旅行業者は事実関係の調査と証拠保全の機会があったといえるからである。

できるものと考えられている。

5　旅行者の交替

　募集型企画旅行契約を締結した旅行者は、旅行業者の承諾を得て、契約上の地位を第三者に譲り渡すことができる。承諾があれば、旅行契約上の地位を譲り受けた第三者は、旅行者の当該募集型旅行契約に関する一切の権利義務を承継する。承諾を求められた際、旅行業者は、旅行者に対し、所定の手数料を請求することができる（募集型約款15条）。[164]

163　債務不履行による損害賠償であると不法行為による損害賠償であるとを問わず、生命・身体の侵害による損害賠償請求権の時効期間は、債権者（旅行者）が権利を行使することができることを知った時から5年間（民法724条の2）、権利を行使することができる時から20年間（民法167条）である。それ以外の債務不履行による損害賠償請求権の時効期間は、債権者（旅行者）が権利を行使することができることを知った時から5年間（民法166条1項1号）、権利を行使することができる時から10年間（民法166条1項2号）である。

164　民法539条の2は、「契約の当事者の一方が第三者との間で契約上の地位を譲渡する旨の合意をした場合において、その契約の相手方がその譲渡を承諾したときは、契約上の地位は、その第三者に移転する」と規定しており、募集型約款15条は、民法上の原則どおりといってよい。

188

第3章
受注型企画旅行契約

第1 　総　論

1　受注型企画旅行契約の概念

　受注型企画旅行契約とは、旅行業者が、旅行者の依頼を受けてその要望に沿った内容の旅行計画を作成し、旅行者に提案して実施する企画旅行契約をいう（受注型約款2条1項）。

　相互に日常的な接触のある人々で構成された団体の内部者からの依頼を受けて、旅行業者がオーダー・メイド方式で旅行計画を立てる場合を想定している。

　修学旅行、職場旅行、インセンティブツアー（企業の従業員、販売代理店の従業員等の業績に報いるための報酬として実施される旅行）、招待旅行（売上増進のため顧客・取引先を招いて実施される旅行）などが、受注型企画旅行契約の形態で実施されることが多い。

2　募集型企画旅行契約との共通点

　受注型企画旅行契約は、企画旅行契約（旅行業者が、旅行計画を作成し、これにより実施する旅行）の一つであり、募集型企画旅行契約との差は、旅行計画作成の契機が、旅行業者側が旅行者の依頼を受けることなくあらかじめ作成することになったものか（募集型）、それとも旅行者の依頼を受けて初めて作成することになったものか（受注型）の違いにすぎない。

　そのため、受注型企画旅行契約には、企画旅行契約として基本的に募

集型企画旅行契約と同様の法的規律がなされている。

　受注型企画旅行契約においても、契約締結過程での取引条件の説明義務、契約書面の交付義務があり、原則として契約成立には申込金が必要で、取消料の支払いによる任意解除権行使も可能である。契約責任者の規定も適用される。

　受注型企画旅行契約を締結した旅行業者には、手配完成債務、計画遂行債務、旅程管理債務および安全確保義務、並びに、旅程保証責任および特別補償責任が生じる。

3　募集型企画旅行契約との相違点

　受注型企画旅行契約が、募集型企画旅行契約と相違する点は、①旅行への誘引方法、②契約成立にあたっての申込金、③契約内容の変更、④任意解除権行使の場合の取消料、⑤最少催行人員不達成による旅行業者からの解除権、⑥受注型実額精算約款の適用、⑦受注型 BtoB 約款（事業者を相手方とする受注型企画旅行契約の部）の適用等である。

第2 受注型企画旅行契約の誘引方法

1　広　告

　募集型企画旅行における「募集」とは、不特定または多数の者に対して、旅行契約の申込みを誘引することをいい、旅行業者は、みずからがあらかじめ作成した旅行計画を表示したパンフレット等による広告が可能である。

　これに対し、受注型企画旅行契約では、広告は、旅行の目的地・日程、提供される運送・宿泊のサービスの内容、旅行代金額といった具体的な旅行計画に関する事項に及ぶことは許されておらず（そもそも旅行計画自体がいまだ存在しない）、旅行業者は、みずからが得意とする地域、分野などを広告することができるにとどまる。

2　オーガナイザーによる募集

　受注型企画旅行契約は、オーガナイザー（世話役・まとめ役）が募集した旅行参加者について、当該オーガナイザーを旅行参加者全員の契約責任者として締結される場合が多い。

　旅行業法施行要領によれば、「相互に日常的な接触のある団体内部で参加者が募集され、オーガナイザーが当該団体の構成員であることが明らかな場合におけるオーガナイザーによる参加者の募集」、たとえば、職場旅行において幹事が職場内の従業員の募集行為をしたり、修学旅行において学校が児童生徒の募集行為をすることについては、オーガナイ

ザーによる直接的な旅行者募集行為ではないとして違法な無登録の旅行業営業には該当しないとされている。

また、「オーガナイザーが参加者の旅行代金の全額を負担する場合における参加者の募集」、たとえば、招待旅行や社員に対する報償旅行などについても、オーガナイザーによる直接的な旅行者募集行為ではないとして違法な無登録の旅行業営業には該当しないとされている。

しかし、オーガナイザーによる募集は、オーガナイザーにおいて申込みを受け付け、旅行代金を収受する場合には、受注型企画旅行契約自体は旅行業者と締結される場合であっても、オーガナイザーによる違法な無登録の旅行業営業となる。

旅行業者は、無登録営業と目されるオーガナイザーを契約責任者とする受注型企画旅行契約を引き受けてはならない。[165]

165　ただし、仮に違法な無登録営業をするオーガナイザーを契約責任者とする受注型企画旅行契約を旅行業者が引き受けた場合でも、当該契約の私法的効力が否定されることはないと考えられる（取締規定の効力に関する最判昭和35・3・18民集14巻4号483頁参照）。

第3　受注型企画旅行契約の成立

1　企画書面

　受注型企画旅行契約においては、旅行業者は、契約締結前に、旅行者からの依頼があったときは、当該依頼の内容に沿って作成した旅行日程、旅行サービスの内容、旅行代金その他の旅行条件に関する企画の内容を記載した書面（企画書面）を交付する。旅行業者は、旅行者の依頼があっても、企画書面を交付しないこともできる（受注型約款 5 条 1 項）。

　旅行業者は、企画書面において、企画料金の金額を明示することができる（受注型約款 5 条 2 項）。

2　申込金

　受注型企画旅行契約は、原則として、旅行業者が契約の締結を承諾し、申込金を受理した時に成立する（受注型約款 8 条 1 項）。通信契約の場合には、旅行業者は、旅行者からクレジット・カード番号等の通知を受けており、これにより決済が可能であるため、旅行業者が契約の締結を承諾した時に成立する（受注型約款 8 条 2 項）。この原則については、募集型企画旅行契約と同様である。

　しかし、募集型企画旅行契約においては、申込金の支払いまたは通信契約におけるクレジット・カード番号等の通知が契約成立のため必須の要件であり、例外は認められていないが、受注型企画旅行契約については、募集型企画旅行の場合と異なって団体・グループ契約における例外

規定がある。

　旅行業者が、団体・グループ契約において契約責任者と受注型企画契約を締結する場合で、申込金の支払いなしに契約を成立させる旨の記載のある書面を旅行業者が契約責任者に交付したときは、申込金の授受なしに当該書面を交付した時に受注型企画旅行契約が成立する（受注型約款23条）。

第 4　受注型企画旅行契約の変更

　受注型企画旅行契約では、旅行者が旅行日程、旅行サービスの内容その他旅行内容の変更を求めることができ、旅行業者は可能な限りその求めに応じなければならない（受注型約款13条 1 項）。ただし、変更に要する費用は旅行者負担となる（受注型約款14条 4 項）。

　このような旅行者の旅行内容変更権限は、旅行者の依頼に基づき旅行計画が作成されるという受注型企画旅行の基本的性格を反映しているものであり、募集型企画旅行契約の旅行者には与えられていない。

第 5　受注型企画旅行契約の解除と取消料

1　最少催行人員不達成による解除権の不存在

受注型企画旅行契約においては、旅行業者の最少催行人員不達成による解除権は認められていない（募集型約款17条1項5号に相当する条文は、受注型約款には存在していない）。

2　任意解除権行使の場合の取消料

受注型旅行契約であっても、旅行者は、いつでも旅行契約を任意に解除することができるが、その場合には、取消料を支払う義務がある（受注型約款16条1項）。

受注型企画旅行契約においても、募集型企画旅行契約とほぼ同様の取消料が定められているが、以下の相違点がある。

(1)　ピーク時の取消料

募集型企画旅行の場合には存在する、海外旅行の場合のピーク時に、旅行開始日の前日から起算してさかのぼって40日目から発生するとされている旅行代金の10％以内の取消料の定めは、受注型企画旅行の場合にはない。

(2)　企画料金相当額の取消料

取消料収受期間前の時期における任意解除であったとしても、旅行業者が企画書面に企画料金の金額を明示しており（受注型約款5条2項）、かつ、契約書面においても企画料金の金額を明示していた場合には（受

197

注型約款別表第1）、旅行者は、任意解除権を行使したときに、企画料金
に相当する金額を取消料として支払わなければならない。

　取消料として収受される場合、企画料金は、旅行代金の20%以内の金
額であることを要する。取消料収受期間経過後最初に支払うべき取消料
の額が旅行代金の20%以内であるとされているためである。

(3)　受注型実額精算約款

　受注型実額精算約款、すなわち、海外・国内の受注型企画旅行契約に
おいて、旅行者が契約を任意解除した場合に、運送・宿泊機関等の旅行
サービス提供業者が旅行業者に課す違約金実額の合計額以内の額を、旅
行者に対する取消料として設定することができる約款が認可されて用い
られている場合に、当該契約において、受注型約款別表1ではなく、受
注型実額精算約款が採用されたときは、旅行業者は、実額精算による取
消料を請求することができる。ただし、企画書面に解除の場合の実額費
用（運送・宿泊機関取消料等）を明示し、旅行サービス提供業者が提示す
る証憑書類を添付しなければならない。

166　取消料収受期間前の時期とは、国内旅行においては旅行開始日の前日から起算
　　してさかのぼって20日目（日帰り旅行にあっては10日目）より前の日、海外旅行
　　においては旅行開始日の前日から起算してさかのぼって30日目より前の日である。

第4章
手配旅行契約

第1 　総　論

1　手配旅行契約の概念

　手配旅行契約とは、旅行業者が、旅行者の委託により、旅行者のために代理、媒介または取次をすることなどにより旅行者が運送・宿泊機関等の提供する運送、宿泊その他の旅行に関するサービスの提供を受けることができるように、手配することを引き受ける契約をいう（手配約款2条1項）。

　手配旅行では、旅行の計画は旅行者自身が作成しており、旅行業者は、旅行者の依頼を受けて航空券やホテルなどの手配を個別に行い、手配にかかる取扱料金を収受するにとどまる。

2　募集型企画旅行契約との相違点

(1)　企画旅行契約ではないこと由来する相違点

　手配旅行契約は、募集型企画旅行契約と異なり、企画旅行契約ではない。

　企画旅行契約と手配旅行契約の区別は、①旅行計画の作成主体、②包括料金性または自己提供性の有無を基準としてなされる。

　すなわち、企画旅行契約においては必ず旅行業者が旅行計画を作成しているが、募集型企画旅行契約においては旅行者が旅行に関する計画を立てているのが通常である。

　また、企画旅行においては、旅行業者にとっての仕入取引にあたる

「運送・宿泊等の旅行サービス提供業者との間の旅行サービス提供契約」の対価は、旅行業者が支払っており（自己提供性）、旅行業者にとっての商品販売にあたる「旅行者との間の企画旅行契約」の対価（旅行代金）は、費用内訳の細目を開示することなく、包括的に請求される（包括料金性）。しかし、手配旅行契約については、費用内訳が旅行者に開示され、運送・宿泊等の旅行サービス提供業者への支払原価と旅行業務取扱料金を明示しなくてはならない。

　また、企画旅行契約と手配旅行契約の債務内容は大きく異なっており、企画旅行契約においては、旅行業者は、手配完成債務、計画遂行債務、旅程管理債務、安全確保義務、旅程保証責任、特別補償責任を負っているが、手配旅行契約においては、旅行業者は、手段債務としての手配債務を負担するにすぎない。

　以上のとおり、手配旅行契約は、企画旅行契約ではないことから、①旅行計画を旅行業者が作成していないこと、②旅行代金の内訳明細が旅行者に明示されること、③旅行業者の負担する債務内容が手配債務に尽きること、といった特徴をもつ。

(2)　標準旅行業約款上の相違点

　標準旅行業約款上、手配旅行契約は、募集型企画旅行契約とは、旅行への誘引方法、契約成立にあたっての申込金、契約書面の交付、旅行の契約内容変更、取消料等について、相違する点がある。

第2　手配旅行契約の成立

1　手配旅行への誘引

　手配旅行契約では、募集型企画旅行契約と異なり、広告は、旅行の目的地・日程、提供される運送・宿泊のサービスの内容、旅行代金額といった具体的な旅行計画に関する事項に及ぶことは許されない。

　旅行業者は、手配にかかる取扱料金を定め、営業所に掲示しなければならない（旅行業法12条1項）。

2　申込金

　手配旅行契約の成立時期は、旅行業者が旅行者から提供された申込金を受理した時点である。ただし、通信契約の場合には、旅行業者の承諾の意思表示があったときに成立する（手配約款7条）。

　ただし、手配旅行契約においては、募集型企画旅行契約と異なり、以下のとおり、申込金の授受なしに契約が成立する例外が定められている。

(1)　書面による特約

　書面により、申込金の授受なしに手配旅行契約を成立させる旨の特約をしたときは、その書面に記載された時期に手配旅行契約が成立する（手配約款8条）。

(2)　乗車券・宿泊券の特則

　乗車券・宿泊券のように、その書面と引き換えにサービス提供を受け

ることができる書面が交付されたときは、口頭で申込金の授受なしに手
配旅行契約が成立する（手配約款 9 条）。

　旅行業者との間で格安航空券を予約後、申込金の支払前に取り消した
場合、手配旅行契約は原則として不成立であるため、旅行者は、取消料
を支払う義務を負担しない。旅行業者の中には手配旅行契約における乗
車券等の特則（手配約款 9 条）により、申込金授受なしでの契約成立を
主張するものがあるが、航空券は空港渡しであり、航空券引換証は約款
9 条 1 項所定の「当該旅行サービスの提供を受ける権利を表示した書
面」には該当しないので、手配約款 9 条の適用はなく、手配旅行契約は
不成立である。

⑶　団体・グループ契約の特則

　団体・グループ契約において契約責任者と契約を締結する場合で、申
込金の支払いなしに契約を成立させる旨の記載のある書面を旅行業者が
契約責任者に交付したときは、申込金の授受なしに当該書面を交付した
時に手配旅行契約が成立する（手配約款20条）。

3　契約書面

　旅行業者は、手配旅行契約の成立後速やかに、旅行者に契約書面を交
付しなければならないのが原則であるが、手配にかかるすべての旅行
サービスについて乗車券類、宿泊券その他の旅行サービスの提供を受け
る権利を表示した書面を旅行者に交付するときは、契約書面を交付しな
いことができる（手配約款10条 1 項）。

4　任意解除と取消料

　旅行者は、いつでも手配旅行契約の全部または一部を解除することが
できる（手配約款13条 1 項）。

　手配旅行契約の取消料については、募集型企画旅行契約と異なり、

キャンセル時期に応じた段階的な定率の取消料の定めはない。

　手配旅行契約の任意解除がなされた場合に旅行者が旅行業者に支払うべき金額は、①旅行者がすでに提供を受けた旅行サービスの費用（運送機関・宿泊施設に対して支払うべき料金）、②旅行者がいまだ提供を受けていない旅行サービスの費用（運送機関・宿泊施設に対して支払うべき違約金等）、③旅行業務の取扱料金（手配手数料）、④手配取消しの事務手続に対する対価（取消手続料金）の合計額である（手配型約款13条2項）。[167]

167　東京地判平成23・7・28判例秘書は、手配旅行の任意解除の場合のキャンセル料については、約款上、①すでに旅行者が手配を受けた旅行サービスの対価、②取消料・違約料その他運送・宿泊機関等に対してすでに支払い、またはこれから支払う費用、③旅行業者に対する取消手続料金および同社が得るはずであった取扱料金の合計額と定められている点について消費者契約法9条1号の「平均的な損害の額」を超えるものかどうかが争点とされた事案であるが、裁判所は、上記約款内容は平均的損害の額の範囲内のものであると判断した。

第3 手配旅行契約における旅行業者の債務

1 手段債務としての手配債務

　手配旅行契約においては、旅行業者の債務は、善良な管理者の注意を
もって旅行サービスの手配をすることに尽きており、結果的に、満員、
休業、条件不適当等の事由により、運送・宿泊機関等との間で旅行サー
ビスの提供をする契約を締結できなかった場合であっても、旅行者は、
手配にかかる取扱料金を支払わなければならない（手配約款3条）。

　募集型企画旅行契約における手配完成債務は結果債務であるが、手配
旅行契約における手配債務は手段債務である。

　手配旅行契約においては、募集型企画旅行契約と異なり、旅行業者
は、旅行者に対し、手配完成債務、計画遂行債務、旅程管理債務、安全
確保義務、旅程保証責任、特別補償責任のいずれも負担しない。

2 情報提供義務

　手配旅行においては、旅程の計画は旅行者が立てるべきものであり、
旅行業者は、旅行者の委託により、航空券や宿泊施設等の手配を行うに
すぎない。手配旅行契約においては、旅行業者が善良な管理者の注意を
もって旅行サービスの手配をしたときは、手配旅行契約に基づく旅行業
者の債務の履行は終了する（手配約款3条）。

　もっとも、手配旅行契約においても、旅行業者に対し、信義則上、付
随義務としての情報提供義務が認められる場面も考えられる。

　どのような義務が認められるかは、依頼された手配の内容や、手配旅行契約締結までの過程等によって異なるものの、一般的には、旅行業者は、旅行者に対し、旅行者が作成した旅行計画の実施可能性等についてみずから積極的に注意を促す義務までは認められないが、旅行者が、旅行業者に対し、実施可能な旅行計画の作成をするために重要な事項について質問をしてきたときには、調査しないまま不実の情報を提供することは許されず、相当の注意を尽くして正確な情報を提供する信義則上の付随的義務を負っていると考えられる。[168][169]

3　契約内容の変更

　手配旅行契約では、旅行者が旅行日程、旅行サービスの内容その他旅行内容の変更を求めることができ、旅行業者は可能な限りその求めに応じなければならない。ただし、変更に要する費用および変更手続料金は旅行者負担となる（手配約款12条）。[170]

168　旅行者からのこのような質問については、旅行業者は、旅行相談契約の締結をしていない以上、回答する義務を負わないので、回答拒否は当然許されるが、任意に回答する場合には正確な情報提供に努めるべきである。

169　東京地判平成13・10・31WLJ は、旅行者が、旅行業者との間で、台湾への往復の格安航空便についての手配旅行契約を締結したが、パスポート残存有効期間が6か月に満たなかったため台湾への入国が拒否された事案である。旅行者が旅行業者に対し善管注意義務違反を理由に損害賠償を求めたが、裁判所は、渡航手続代行契約が手配旅行契約とは別途存在している以上、パスポートの残存有効期間の確認は手配旅行の委託を受けた旅行業者の義務ではないとし、旅行業者はパスポートの残存有効期間の確認をするよう旅行者に促しているがそれは善管注意義務に基づくものではなくサービスにすぎないと指摘し、旅行業者の発行した航空券引換証にもパスポートを更新していない場合は旅行者の責任であり旅行業者は責任を負わない旨の免責条項が記載されていることも指摘して、損害賠償請求を棄却した。

4　添乗サービス

　手配旅行契約においては、旅行業者が、契約責任者からの求めにより、団体・グループに添乗員を同行させ、団体・グループ行動を行うために必要な業務をさせることがある（手配約款22条）。添乗サービス料は、契約責任者が支払う義務を負う。

170　手配旅行契約の履行が、媒介によりなされた場合には、旅行者と旅行サービス提供業者との間で、直接、運送契約・宿泊契約等の旅行サービス提供契約が締結されることになる。したがって、旅行サービス提供契約のキャンセルについても、旅行者が直接行うことができるものであって、キャンセルを旅行業者を通じて行うのは、旅行サービス提供契約の「取消し」手配の依頼であり、変更の依頼の一種であると考えることも可能である。東京地判平成23・11・17判タ1380号235頁は、権利能力なき社団であるラグビーサークルが、旅行業者との間で、ホテルへの宿泊予約を委託する内容の手配旅行契約を締結したが、宿泊予定者の一部がインフルエンザに罹患したため宿泊は取り止めとなり、ホテル業者はキャンセル料を請求し、ラグビーサークルはこれを支払ったものの、その後、不当利得を理由にその返還を求めた事案である。裁判所は、主として大学生から構成される権利能力なき社団としてのラグビーサークルは、消費者契約法 2 条 1 項にいう「消費者」に該当するとしたうえ、ホテル業者が実費として支払いを余儀なくされた宿泊料金等と旅行業者の報酬（取扱料金）の合計額を超過するキャンセル料については、「平均的な損害の額」（消費者契約法 9 条 1 号）を超えるものとして無効となるとして、支払われたキャンセル料の一部につき不当利得の返還を認容した。この事案では、旅行者は、手配を依頼した旅行業者を介さずに、直接、ホテル業者との間で宿泊契約のキャンセルをしており、そのため宿泊約款上の取消料の額が平均的損害を超えないかどうかを問題とすることができたものであり、もし手配旅行契約の取消しという方法をとっていれば、前掲（注167）と同様、標準旅行業約款上のキャンセル料の適否という形でしか問題設定をすることができなかった可能性が高い。

第5章
旅行のインターネット取引

第1　登録旅行業者との間のインターネット取引

1　旅行業法上の書面の電磁的方法による提供

　旅行者が事前に承諾した場合には、旅行業者は、旅行業法上必要とされる書面の交付につき、当該書面に記載すべき事項を電磁的方法によって提供することで代替することができる（旅行業法12条の４第３項、旅行業法施行令１条、契約規則６条・７条）。

　この場合、旅行業者は、旅行者の使用する通信機器に備えられたファイルに電磁的方法によって提供されたデータが記録されたことを確認しなければならない（募集型約款11条、受注型約款11条、手配約款11条）。

2　旅行のインターネット取引に関する通達による規制

　通達「インターネット取引を利用する旅行業務に関する取扱について」（平成19・12・17国総観事業第289号）では、登録旅行業者のインターネットによる旅行取引につき、①ウェブサイトを管理する営業所については、登録が必要であること、②旅行業法上、営業所において掲示すべき旅行業務取扱料金表、旅行業約款等はウェブサイト上での掲示が必要であること、③取引条件説明については、ウェブサイト上に取引条件説明書面が掲示され、その内容を了承した旨のアイコンをクリックする等により、旅行者が了承した場合に限り、取引条件説明が行われたとして、取引を進めることができること、④取引条件説明書面および契約書面は、電磁的方法で交付することを了承する旨のアイコンをクリックす

る等により、旅行者が了承した場合に限り、電磁的方法で交付すること
ができること、⑤誤入力防止のための最終確認画面を設け、入力内容を
確認した旨のアイコンをクリックする等により旅行者が了承した場合に
限り、ウェブサイト上での旅行契約を成立させることができること、⑥
旅行業協会はガイドラインを作成し、国土交通省に届け出ること等が定
められている。

3　旅行のインターネット取引に関するガイドラインによる規制

　一般社団法人日本旅行業協会（JATA）および一般社団法人全国旅行
業協会（ANTA）は、上記の通達を受け、「インターネットを利用した
旅行取引に関するガイドライン」（平成20年（2008年）1月8日届出）を
作成したが、これは改訂され、現在では、「旅行のウェブ取引に関する
ガイドライン（改訂版)」（平成26年（2014年）6月30日届出）となってい
る。

　この「旅行のウェブ取引に関するガイドライン（改訂版)」では、ウェ
ブサイトの運営上の一般的な留意事項として、①取扱営業所は旅行業の
登録を受けること、②取扱営業所とウェブサイトの営業時間は異なって
もよいこと、③カード番号授受のSSLによる暗号化、IDとパスワード
による認証などの安全管理をすること、④掲載情報の最新性・正確性を
維持すること、⑤ウェブサイトでの取引の流れについての表示と取引記
録の保存の勧めをすること、⑥苦情相談窓口の設置とその表示をするこ
と、があげられている。

　また、上記ガイドラインでは、募集型企画旅行、手配旅行の取引サイ
トのウェブページイメージを例示している。

⑴　募集型企画旅行のウェブページのイメージ

　募集型企画旅行のウェブページの例では、取引条件説明書面は、①
「取引条件説明書面（重要事項)」（コース名・日程・旅行代金・参加資格等

を記載した、店舗取引におけるパンフレットに準じるもの）、②「取引条件説明書面（共通事項）」（旅行代金に含まれるもの・含まれないもの、解除事由、旅程保証、特別補償等を記載した、店舗取引における旅行条件書に準じるもの）の2通を設けるものとされている。

そして、旅行申込画面では、申込みボタンのクリックの前に、取引条件説明書の交付方法について、「電磁的方法で交付することを承諾する」または「郵送による交付を希望する」のいずれかを選択するとともに、旅行代金の決済方法について、「クレジット・カード」または「銀行振込み」のいずれかを選択するように、構成されている。

取引条件説明書の電磁的方法での交付を承諾し、かつ、クレジット決済を選択した場合には、必ず、「取引条件説明書面の記載事項の保存の確認」のチェックボックスが表示され、取引条件説明書面（重要事項）および取引条件説明書面（共通事項）を保存したことについて旅行者のチェックを求めることとされている。

取引条件説明書面（重要事項）および取引条件説明書面（共通事項）を保存したことについて旅行者のチェックを求めるシステムになっていなかった場合は、契約書面の交付がないことになるおそれがある。

(2)　手配旅行のウェブページのイメージ

手配旅行のウェブページの例では、取引条件説明書面は、①「取引条件説明書面（重要事項）」（手配内容・旅行代金、契約の解除、契約成立時期等についての記載があるもの）、②「取引条件説明書面（共通事項）」（代金の支払方法がクレジットに限定されること、取消しの方法、特別補償の不適用等を記載したもの）の2通を設けるものとされている。

そして、旅行申込画面では、申込みボタンのクリックの前に、取引条件説明書の交付方法について、「電磁的方法で交付することを承諾する」「取引条件説明書面（重要事項）及び取引条件説明書面（共通事項）を表示し保存しました」とのチェックボックスに旅行者がチェックする

ものとして構成されている。

　手配旅行の場合には、募集型企画旅行と異なり、「旅行契約の予約」の考え方がない（募集型約款6条は予約について規定しているが、手配約款にはこのような規定はない）ので、ウェブサイト上でクレジット・カード決済ができない場合や、取引条件説明書面の電磁的交付を承諾しない場合には、ウェブサイトでの取引はできないものとされている。

4　インターネット取引により成立する旅行契約の種類

(1)　募集型企画旅行

　旅行業者が運営するウェブサイトで取引される特徴的な旅行商品として、いわゆる「ダイナミック・パッケージ」と呼ばれるものがある。

　ダイナミック・パッケージとは、旅行業者が手配すべき個々のサービス提供業者を旅行業者があらかじめ選定し、旅行者は、当該旅行業者のウェブサイトにリストアップされたサービス提供業者を選択して全体の旅行計画を組み立てる旅行である。旅行者が、航空券等の交通手段とホテルなどの宿泊施設を所定の範囲内で自由に選択することができる旅行商品であり、弾力的な価格設定が可能である点が推奨されて販売されている。

　単品（航空券、宿泊施設といった個別の旅行サービス）が組み合わさった商品であることから、募集型企画旅行なのか手配旅行なのかが問題になるが、旅行者が全体の日程を組み立てるものの、旅行業者があらかじめ選定し代金を設定した個々のサービス提供業者の範囲内で旅行者が選択することから、観光庁においては募集型企画旅行として取り扱うべきことを推奨している。ただし、実務的にはこれを手配旅行として販売する旅行業者もある。

　旅行業者が扱うインターネット取引される旅行商品のうち、振込みによる旅行代金の支払いが可能なように設定されている場合は、手配契約

ではなく、募集型企画旅行契約であると判断される。

　募集型企画旅行契約の場合にも、クレジット・カードを用いて決済をした場合には、「通信契約」に該当し（募集型約款2条3項）、申込金の支払いを要さず、旅行業者の承諾の通知のみによって旅行契約が成立する（募集型約款8条2項）。そのため、クレジット・カード決済をした場合には、取消料の発生時期について、特に注意が必要である。

(2)　手配旅行

　インターネットで登録旅行業者を相手方として航空券の購入や宿泊施設の予約をする場合は、手配旅行契約にあたる。

　インターネットを利用した手配旅行契約のうち、クレジット・カードを用いて決済するものは「通信契約」に該当し（手配約款2条4項）、契約成立時期につき書面の特約がない場合でも、申込金の支払いを要さず、旅行業者の承諾の通知のみによって旅行契約が成立する（手配約款7条2項）。

　旅行者は、いつでも取消料を支払って、手配旅行契約を解除することができるが（手配型約款13条）、募集型企画旅行契約における取消料のように、その額が、出発日が近づくにつれて高率となるよう旅行代金に対する割合によって定められているわけではなく、申込後すぐに任意解除した場合でも、取消料が必要となる。

　手配旅行についての取消料は、①旅行者がすでに提供を受けた旅行サービスの費用（運送機関・宿泊施設に対して支払うべき料金）、②旅行者がいまだ提供を受けていない旅行サービスの費用（運送機関・宿泊施設に対して支払うべき違約金等）、③旅行業務の取扱料金（手配手数料）、④手配取消しの事務手続に対する対価（取消手続料金）の合計額である（手配型約款13条2項）。

　なお、旅行業者等が旅行者と締結する契約等に関する規則3条2項ホにおいて、「契約の変更及び解除に関する事項」を取引条件説明書に記

載することが要求されている。しかし、手配旅行の取消料の表示として
は、具体的な手配にかかる宿泊機関、運送機関の取消料金額（上記②の
具体的金額）を表示することまでは要求されていないのが実務的取扱い
である（「旅行広告・取引条件説明書面ガイドライン」参照）。もっとも旅
行者からのこの点に関する質問があれば、旅行業者は説明義務を負うと
考えられる。

5　e-TBT マーク

e-TBT マークは、一般社団法人日本旅行業協会（JATA）および一般
社団法人全国旅行業協会（ANTA）が、旅行業者からの申請に基づき、
①旅行業法令、旅行のインターネット取引に関するガイドラインが遵守
されていること、②ウェブサイトで授受される情報のセキュリティ対策
がとられていること、③個人情報に関し、機密保持、管理の措置がとら
れていること、④旅行者からの苦情に対する十分な措置がとられている
こと等の要件を満たすことを審査のうえ、ウェブサイトに掲げることを
認めたマークである。

したがって、e-TBT マークが旅行業者のウェブサイトに掲げられて
いる場合には、その信頼性は高いものと考えて差し支えない。

6　電子消費者契約法の適用

旅行契約をインターネット取引で締結するについては、電子消費者契
約法 3 条の適用がある。

最終確認画面[171]の設定がなかった場合の民事効については、民法95条お
よび電子消費者契約法 3 条に基づき申込みの意思表示を錯誤取消しする

171　最終確認画面とは、インターネット取引において、確定的な申込みとなる送信
　　ボタンを押す前に、申込みの内容を表示し、そこで訂正する機会を与える画面を
　　いう。

ことができる場合があると考えられている。

　言い間違いや書き間違いは、民法95条にいう「意思表示に対応する意思を欠く錯誤」に該当すると考えられるが、そのような間違いを犯した表意者には、通常、重過失があるため、錯誤取消しは認められない。

　しかし、インターネット取引においては、消費者側が操作ミスや一時的な勘違いなどのエラーを犯す可能性が高く、消費者の意思表示を行う意思の有無について確認を求める措置を講じていない事業者が、消費者の重過失を言い立てて錯誤取消しを認めないのは公平ではない。

　そこで、インターネット取引において、事業者が最終確認画面を設けていない場合には、消費者は、①意図しない申込み等（たとえば、まったく申込みを行う意思がないにもかかわらず操作を誤って申込みを行ってしまったような場合）、②意図と異なる内容の申込み等（たとえば、操作を誤って申込みの内容を入力してしまったにもかかわらず、それを訂正しないままに、内心の意思と異なる内容の申込みであると表示から推断される表示行為を行ってしまったような場合）をしたときは、重過失のない「意思表示に対応する意思を欠く錯誤」として詐欺取消しを主張することができるとされている（電子消費者契約法３条）。

　「旅行のウェブ取引に関するガイドライン（改訂版）」においては、旅行者による契約内容の誤入力等による申込操作防止のため、旅行者が入力内容を確認するページを設け、入力内容を確認した旨のボタンをクリックするなどの方法で旅行者が了承した場合に限り、契約または予約が成立するものであることが要求されている。

第2　オンライン旅行販売サイトでの取引

1　オンライン旅行販売サイトの種類

　近年、旅行契約は、オンライン旅行販売サイトを通じて締結されることが増えている。

　オンライン旅行販売サイトには、性質の異なるものが種々ある。その代表的なものをあげると、〔表19〕のようになる。

〔表19〕　オンライン旅行販売サイトの種類

種　類	内　容
国内登録旅行業者のウェブサイト	日本国内に営業所をもつ登録旅行業者がみずからウェブサイトを開設するもの
国内登録旅行業者のアフィリエイト	インターネットサービスプロバイダ等が運営するポータルサイトやモール等、第三者が開設したウェブサイトに、旅行業者が募集広告を掲載し、そのウェブサイトを利用して旅行者からの申込みを受けるもの
航空会社・宿泊施設などの直営サイト	航空会社や宿泊施設等がみずからのチケット販売や宿泊予約の受付等を行うために直接運営するもの
場貸しサイト	旅行商品の紹介・申込みなどに関する情報提供の場としてウェブサイトを提供するもの（主として国内宿泊予約サイトであり、宿泊施設が料金やプランの企画を行い、消費者がこれと直接契約する形式をとり、ウェブサイト開設者は仲介手数料だけを徴収する）

海外OTA	ウェブサイト上で宿泊予約や航空予約がリアルタイムに完結する旅行会社（オンライン・トラベル・エージェンシー（Online Travel Agency）のうち、海外に営業拠点をもって、ダイナミック・パッケージ類似の旅行商品を販売するもの（アメリカのエクスペディア、シンガポールのアゴダ等）
メタサーチ	複数の旅行商品販売サイトから情報を抽出して、消費者に多数の旅行商品の内容や価格などにつき一覧性のある横断的比較を検索可能にするもの

2　オンライン旅行販売サイトでの取引の注意点

　オンライン旅行販売サイトでの取引をする場合、肝要なのは、旅行契約を締結する相手方が、登録旅行業者であるのか否かである。契約相手方が登録旅行業者ではない場合には、旅行業法や標準旅行業約款による旅行者の保護規定の適用はない。

　また、契約相手方が登録旅行業者である場合には、締結した旅行契約の種類が募集型企画旅行契約であるのか手配旅行契約であるのかを把握することが必要である。手配旅行契約の場合には、旅行業者は、旅程管理債務、旅程保証責任、安全確保義務、特別補償責任を負わないので、旅行者はこれらの債務または責任による保護を受けることはできない。

3　OTAガイドライン

　インターネットを利用して旅行契約を締結する場合、オンライン旅行販売サイトにはさまざまなものがあることから、旅行契約を締結する相手方事業者が誰であるかの確認が大切になる。

　観光庁は、旅行者が、オンライン取引において、契約相手方の事業者についての情報を確認することができるよう、平成27年（2015年）6月、「オンライン旅行取引の表示等に関するガイドライン（OTAガイド

ライン）」を策定した（OTA ガイドラインの内容につき〔**表20**〕参照）。

〔表20〕　OTA ガイドラインの内容

OTA 等に関する基本情報	
名称	法人である場合には登記簿上の商号の表示。通称屋号またはサイト名だけの表示は不適当
住所	法人の場合には登記簿上の住所、個人事業者の場合には現に活動している住所の表示
代表者等の氏名	法人である場合には、代表者またはオンライン旅行取引業務に係る責任者の氏名の表示
旅行業登録の有無	日本の旅行業法に基づく旅行業の登録を受けているかどうかの表示
問合せ先に関する事項	
問合せ連絡先	電話番号、メールアドレス等。複数の連絡手段を表示することが望ましい
問合せ受付可能時間	日本時間を基準とした表示
問合せ受付可能言語	日本語での問合せの受付が不可能な場合は、その旨と受付可能言語を表示
契約条件に関する事項	
契約当事者および契約形態	特にメタサーチや場貸しサイトの場合に、旅行者が誰との間でどのような契約を締結しているのか混乱しないよう適切に表示
運送等サービスの内容	景品表示法に照らし、適切に表示
旅行代金額および支払方法	誰に、どのような対価（宿泊代金、OTA への手数料、消費税等の内訳）を、どのような方法（前払いか現地払いか）により支払わなければならないかを表示
キャンセル条件	キャンセル料金の発生時期、金額、請求主体、支払・払戻方法等を適切に表示

その他の契約条項	約款を一覧して確認できるページを設け、旅行者が容易に認識できるよう表示。特に、消費者にとって不利益な条項（責任限定条項、準拠法・裁判管轄条項等）は、他の条項よりも容易に認識できるように表示
最終確認画面	申込み直前の段階で、運送等サービスの内容および重要な契約条件を網羅的に確認できる画面を設け、上記の契約条件に関する事項等について、適切に表示
契約成立時期	申込み操作を行うためのボタンに「申し込む」等と表示する等して、旅行者が、当該ボタンをクリックすることで申込みが完了し、運送等契約が成立することを容易に認識できるようにする
契約内容確認画面等	契約が締結された後、上記「問合せ先に関する事項」および「契約条件に関する事項」の各事項等を記載した電子メールを旅行者に送信したり、ウェブサイト上でこれらの各事項を確認できる画面を設ける等の措置を講じる

　OTA ガイドラインでは、日本の旅行業登録を有しない海外 OTA や旅行業者ではない場貸しサイトやメタサーチも対象とし、取組みを求めている。

　OTA ガイドラインでは、オンライン旅行販売サイトにおいて適切な表示が求められる事項として、以下の点を定めている。

① 　OTA 等に関する基本情報（名称、住所、代表者等の氏名、旅行業登録の有無）

② 　問合せ先に関する事項（問合せ連絡先（電話番号、電子メールアドレス等）、問合せ受付可能時間、問合せ受付可能言語）

③ 　契約条件に関する事項（契約当事者および契約形態、運送等サービスの内容、旅行代金額および支払方法、キャンセル条件、約款、最終確認画面、契約成立時期）

④ 　契約内容確認画面等（契約締結後、速やかに、上記の問合せ先に関する事項および契約条件に関する事項等を記載した電子メールを旅行者

に送信したり、ウェブサイト上でこれらの各事項を一覧して確認できる契約内容確認画面設ける等の措置を講じること）

ただし、旅行業者ではない場貸しサイトやメタサーチについては、上記のうち、旅行代金、キャンセル料等の契約条件に関する事項の表示および契約内容確認画面等の設定は求められていない。

4　海外の事業者に対する消費者保護法の適用関係

(1)　国際裁判管轄

国際裁判管轄とは、国際的な民事紛争の裁判をいずれの国の裁判所が担当するのかという問題である。

消費者契約における国際管轄合意は、原則として無効であり、①紛争発生後の合意である場合、②非専属的管轄合意である場合、③応訴管轄が生じた場合、のみ有効とされる（民事訴訟法3条の7第5項）。

日本の消費者が海外の事業者と取引をしたときに生じた紛争については、日本の裁判所の国際裁判管轄が認められる（民事訴訟法3条の4第1項）。

ただし、「事案の性質、応訴による被告の負担の程度、証拠の所在地その他の事情を考慮して、日本の裁判所が審理及び裁判をすることが当事者間の衡平を害し、又は適正かつ迅速な審理の実現を妨げることとなる特別の事情がある」場合には、訴えが却下される（民事訴訟法3条の9）。

(2)　準拠法

準拠法とは、国際的な民事紛争の裁判を担当する裁判所が、いずれの国の法律を適用して事件を裁くかという問題である。

準拠法選択の合意がない場合には、消費者の常居所地法（日本法）が適用される（通則法11条2項）。

準拠法選択の合意がある場合で、①消費者の常居所地法（日本法）が

選択されたときは、日本法が適用され、②外国法が選択されたときは、消費者が日本の消費者保護法の特定の強行規定を適用すべき旨の意思表示をしたときは、当該強行規定も重畳適用（方式については、もっぱら当該強行規定が適用）される（通則法11条 1 項・11条 3 項）。

　以上の原則には、以下のような例外があり、例外に該当する場合には、消費者契約としての特則の適用は受けられず、通常の契約と同様に取り扱われる（通則法11条 6 項）。

　①　能動的消費者の適用除外

　　　消費者が外国に赴いて契約を締結したとき（通則法11条 6 項 1 号）、あるいは、債務の履行の全部を外国で受けたとき（通則法11条 6 項 2 号）

　②　事業者の不知・誤認

　　　事業者が消費者の常居所地を知らず、かつ、知らないことについて相当な理由があるとき（通則法11条 6 項 3 号）、あるいは、事業者が契約の相手方が消費者でないと誤認し、かつ、誤認したことについて相当の理由があるとき（通則法11条 6 項 4 号）

(3)　具体例

　たとえば、日本の消費者が、インターネットを介して、海外のホテルの宿泊予約をとったが旅行開始前にキャンセルをした場合の取消料をめぐる紛争については、日本の消費者は、日本の裁判所に提訴することができ、かつ、約款により準拠法として外国法が選択されているときでも、消費者が日本の消費者保護法の特定の強行規定を適用すべき旨の意思表示をしたときは、当該強行規定も重畳適用されることになるため（通則法11条 1 項）、消費者契約法 9 条 1 号の適用により、平均的損害を超過する取消料は無効であると主張することができる。

　これに対し、日本の消費者が、インターネットを介して、海外のホテルの宿泊予約をとり、実際に旅行に出かけて予約したホテルに滞在中、

水道管が壊れて持ち物が水浸しになったというような紛争については、能動的消費者の例外が適用され（通則法11条6項2号）、準拠法は外国法となり、また、国際裁判管轄についても、民事訴訟法3条の9の適用があり、日本の裁判所へ提訴しても訴えが却下されることになる。この場合には、外国の裁判所で外国法を準拠法として争う必要がある。

第6章　留学あっせん

第 1　留学あっせんとは

　留学あっせんとは、留学、海外語学研修などの目的で渡航および海外
滞在をするにあたり、留学希望者に対し、留学にかかわるさまざまな役
務を提供する業務である。

　ここでいう「留学」には、①短期語学留学（3 か月未満の語学学校への
留学を目的としたもので、通常ビザの必要のないもの）、②海外インターン
シップ（外国の企業や団体で研修生として働き、実務経験を積むもの）、③
ワーキング・ホリデー（二国間協定により、1 年間ほど休暇を楽しみなが
ら、その間の滞在資金を補うために付随的に就労することを認める特別な制
度）なども含まれる。

　具体的には、留学先の紹介、入学必要書類等の取寄せ等の情報提供、
学校入学手続の代行、ビザの申請手続の代行、ホームステイなど滞在先
の手配、航空券等の交通手段の手配、留学前のカウンセリングなど多岐
にわたる。

第 2　留学あっせんに適用される法律

　留学あっせん業者の提供するサービスを包括的に規律する立法はなく、留学あっせんサービスのうち、留学先に関する情報提供や学校への出願手続代行等については、登録なしに誰でも自由に営むことができる。

　ただし、留学あっせんサービスのうち、旅行業に該当するものについては、旅行業法や標準旅行業約款による規制を受ける。

　たとえば、留学あっせん業者がみずから語学研修ツアーを企画して参加者を募集する場合や、航空券等の交通手段の手配、滞在先の手配等を業務として営んでいる場合には、旅行業法や標準旅行業約款が適用されることになる。

　また、留学あっせん業者も「事業者」であるから、消費者契約法の適用を受けることになる。

第 3　留学あっせんに関する紛争

1　総　論

　留学あっせんについては、①キャンセル料、②留学先の環境についての情報提供、③留学あっせん業者の倒産等の紛争が生じている。

2　紛争の具体例と解決策

(1)　キャンセル料

　留学あっせんに関する紛争の中でも、キャンセル料をめぐる紛争は数が多い。

　たとえば、留学あっせん業者に頼んで留学の手続を進めようと契約した後、都合が悪くなり消費者が解約を申し出たところ、多額の違約金を請求されたといった事例である。

　留学あっせん業者の提供するサービスのうち、たとえば航空券等の交通手段の手配、滞在先の手配等が手配旅行契約上の債務として性質決定することができる場合がありうる。

　留学あっせん契約における留学あっせん業者の債務として、運送・宿泊サービスの手配が取り決められている場合、当該手配債務にかかる部分は、手配旅行契約に該当することとなり、旅行業法や標準旅行業約款の適用を受けることになるため、キャンセル料については、手配型約款13条 2 項による規制に服することとなる。

　また、キャンセル料の約定に関しては、消費者契約法 9 条 1 号所定の

平均的損害を超える額のものについては、超過部分について無効となる。

(2)　留学先の環境についての情報提供

　留学あっせん業者が消費者を勧誘する際、留学先やホームステイ先における環境について、情報提供を誤り、あるいは不十分な情報提供をしたことにより紛争となる場合がある。

　たとえば、当初あっせん業者から聞いていた語学クラスにおける日本人の比率より実際は日本人が多かったという苦情や、語学留学とセットになっていたホームステイ先の言語が消費者の学びたい言語と異なる等の苦情がある。

　消費者契約法上の不実告知に該当するかを検討するにあたっては、語学クラスにおける日本人比率やホームステイ先での環境が消費者契約法4条5項にいう重要事項といえるかが問題となるが、語学留学は日本人の少ない環境下で学習できることにその特色があり、また、語学留学の場合は、語学の習得が主たる目的だから、ホームステイ先の言語環境はサービスの質に関するものであり、重要事項と考えてよい。

　これらの事項について具体的な当該留学校の日本人比率として説明があったり、業者から「ホームステイ先でも英語を学べて上達できる」などの説明があった場合には、不実告知に基づく契約取消し（消費者契約法4条1項1号）が認められる可能性がある。

　また、もっと具体的に、留学あっせん業者が、契約に際して、「日本人比率が〇〇％のクラスで教育を受ける」、「ホームステイ先は、英語を母国語とする家族にする」などと申し述べていた場合には、これが契約条件として契約内容に組み込まれていると評価され、留学あっせん業者がこのようなみずから引き受けた債務を履行しなかったときは、債務不履行責任を負う場合があると考えられる。

　また、不法行為による損害賠償請求も考えられる。予備校が、事前に

入校希望者に対して表示・説明していた水準に達していない指導しか行わなかったとして、不法行為を理由とする支払学費相当額の損害および精神的損害の賠償責任を予備校に認めた裁判例（大阪地判平成5・2・4判時1481号149頁）が参考となる。

(3)　留学あっせん業者の倒産

留学あっせん業者は、前払いで料金を受け取っている場合が多く、契約後に倒産すると、消費者は支払いをしたのにサービスを受けられない状況に陥る。

たとえば、渡航は6か月先であるが、現地学費分を含めて支払いを済ませてしまったところ、留学あっせん業者が倒産してしまったというような場合である。

留学あっせん契約における留学あっせん業者の債務として、運送・宿泊サービスの手配が取り決められている場合、当該手配旅行契約に関する部分については、消費者は、弁済業務保証金制度による保護を受けることができる。

3　兵庫県弁護士会の提言

平成20年（2008年）11月7日付け（株式会社ゲートウェイ21の倒産時）、および、平成22年（2010年）9月15日付け（株式会社サクシーオの倒産時）の兵庫県弁護士会による「海外留学あっせん業者に対する適切な法的規制を求める意見書」では、海外留学は、単なる旅行の場合よりも格段に消費者が費す費用と時間が大きいとの指摘のもとに、以下の提案がなされている。

(1)　営業保証金制度の創設等

海外留学あっせん業者は、登録がなければ営むことができないとするとともに、営業開始にあたっては、営業保証金を供託しなければならないものとし、海外留学あっせん業者と取引をした消費者は、その取引に

よって生じた債権に関し、営業保証金から弁済を受ける権利を有するとの制度（営業保証金制度）を創設するべきである。また、留学先へ納付する学費等を海外留学あっせん業者が消費者から預かることを禁止するか、あるいは預り金についての分別管理を義務付けるべきである。

(2)　契約書面交付義務とクーリング・オフ制度の創設

　海外留学あっせん業者が、消費者と契約を締結したときは、その提供するサービスの内容を具体的に記載した契約書面を交付しなければならないものとするとともに、当該契約書面が交付された時から8日間は、消費者は海外留学あっせん業者との間の契約をクーリング・オフにより解消することができるとの制度を創設するべきである。

4　事業者団体の設立

　平成23年（2011年）11月に発足した一般社団法人留学サービス審査機構（J-CROSS）は、留学サービス認証基準を設けて、当該基準を満たす事業者に認証マークを発行している。

　J-CROSS の留学サービス認証基準においては、契約書面の交付、契約締結日から8日間（渡航日の30日前（ピーク時にあっては40日前）以降の日を除く）の解約料支払いなしでの約定解除権の設定、事業者側からの契約解除事由の制限、出発日の90日前までは学費等の支払請求をしないこと、広告・表示についての遵守事項などが求められている。留学あっせん業者の選定にあたっては、この J-CROSS の認証が参考となる。

　また、一般社団法人日本旅行業協会（JATA）の会員である旅行業者から構成される「留学・語学研修等協議会」は、「留学・語学研修等取扱ガイドライン」（平成19年（2007年）5月14日改正）を公表して、留学あっせんに係る事業者の責務を明確にしている。

◎事項索引◎

◎判例索引◎

〔簡易裁判所〕

◎著者紹介◎

鈴木　尉久（すずき　やすひさ）

〔略　歴〕

昭和61年3月　　京都大学法学部卒業

昭和62年10月　司法試験合格

平成2年4月　　弁護士登録（神戸弁護士会（現兵庫県弁護士会））

平成21年2月　　兵庫県県民生活審議会委員（〜現在）

平成23年6月　　兵庫県建設工事紛争審査会委員（〜現在）

平成25年4月　　兵庫県弁護士会会長（〜平成26年3月）

平成29年6月　　適格消費者団体ひょうご消費者ネット理事長（〜現在）

平成30年4月　　甲南大学法科大学院兼任教授（消費者法）

〔主な著作〕（旅行分野）

・「ネットで契約した旅行サービスの法的考え方Q&A」ウェブ版国民生活2018年2月号（No.67）8頁以下

・「旅行業者の債務不履行責任──パックツアーにおける損害賠償請求の実務」現代消費者法38号（2018）29頁以下

・『旅行のトラブル相談Q&A──基礎知識から具体的解決策まで』（共著）（民事法研究会・2016年）

〔事務所〕

間瀬・鈴木法律事務所

旅行契約の実務

令和 3 年 3 月 28 日　第 1 刷発行

定価　本体2,800円＋税

著　　　者　鈴 木 尉 久
発　　　行　株式会社民事法研究会
印　　　刷　文唱堂印刷株式会社

発行所　株式会社　民事法研究会
〒150-0013　東京都渋谷区恵比寿 3 - 7 -16
　　　〔営業〕TEL 03(5798)7257　FAX 03(5798)7258
　　　〔編集〕TEL 03(5798)7277　FAX 03(5798)7278
　　　http://www.minjiho.com/　info@minjiho.com

▶最新の法令、消費者問題等の動向を踏まえて、約9年ぶりに全面改訂！

実践的 〔第6版〕 消費者読本

圓山茂夫　編著

穴井美穂子・井上博子・川口美智子
白崎夕起子・松原由加・丸山千賀子　著

B5判・121頁・定価　本体1,300円＋税

▶消費者問題に取り組んでいるさまざまな分野の専門家が、消費者問題、生活経済、食品、衣料品、住生活、製品安全、契約、サービス、環境問題などに関して、消費者が知るべき知識と考え方をわかりやすく解説！

▶短大や大学の消費生活、消費者教育、消費者法などのテキストとして、また、中学や高校の先生方の消費者教育などの手引きに最適！

▶法教育を支援する弁護士、司法書士、消費生活相談員や教員にも活用していただきたい手引書！

本書の主要内容

発行　民事法研究会

〒150-0013　東京都渋谷区恵比寿3-7-16
（営業）TEL. 03-5798-7257　FAX. 03-5798-7258
http://www.minjiho.com/　info@minjiho.com

消費者六法
〔2021年版〕
——判例・約款付——

編集代表　甲斐道太郎・松本恒雄・木村達也

A5判箱入り並製・1612頁・定価　本体 5,600 円＋税

〔編集委員〕坂東俊矢／圓山茂夫／細川幸一／島川　勝／金子武嗣／関根幹雄
尾川雅清／田中　厚／中嶋　弘／薬袋真司／小久保哲郎／舟木　浩

▷▷▷▷▷▷▷▷▷▷▷▷▷▷ さらに充実した 2021年版のポイント ◁◁◁◁◁◁◁◁◁◁◁◁◁◁

▶消費者問題に関わる場合に、これだけはどうしても必要だと思われる法令、判例、書式、約款を収録した実務六法！

▶令和2年改正までを織り込み、重要法令については政省令・通達・ガイドラインを収録！

▶法令編では、「割賦販売法」「金融サービスの提供に関する法律（旧・金融商品の販売等に関する法律）」「公益通報者保護法」「個人情報の保護に関する法律」および「特定商取引に関する法律等の施行について（通達）」などの令和2年改正を織り込むとともに、「賃貸住宅の管理業務等の適正化に関する法律」を新たに収録！

▶判例編では、消費者被害救済に必須の判例・裁判例を収録し、付録編、約款・約定書・自主規制編では、最新の情報に対応！

本書の特色と狙い

▶弁護士、司法書士、消費生活相談員、消費生活アドバイザー・コンサルタント・専門相談員、自治体の消費生活関係の担当者、企業の法務・消費者対応担当者等のために編集された六法！

▶消費者問題に取り組むうえで必要な法令を細大漏らさず収録し、重要な法律には政省令・通達の関連部分までまとめて掲載！

▶判例編として、実務の指針となる基本判例要旨を関連分野ごとに出典・関連法令も付して掲載！

▶関連する約款・約定書・自主規制や、実務の現場で役立つ資料も収録！

掲載法令・資料

法令編
1 消費者法
（1）一般法／（2）物品・サービス関係法／（3）貸金業関係法／（4）生活困窮者支援関係法／（5）金融サービス関係法／（6）居住・不動産関係法／（7）医療関係法／（8）IT・情報関係法／（9）安全関係法／（10）表示関係法／（11）国際関係法
2 民事法
3 刑事法

判例編
1 契約一般／2 消費者契約法／3 消費者団体訴訟／4 販売方法／5 金融取引／6 資産形成関係／7 サービス関係／8 広告関係／9 安全関係／10 行政関係／11 福祉関係／12 情報関係／13 その他／14 管轄

約款・約定書・自主規制編
付録 書式／ホームページ掲載情報　ほか

発行　民事法研究会

〒150-0013　東京都渋谷区恵比寿 3-7-16
（営業）TEL. 03-5798-7257　FAX. 03-5798-7258
http://www.minjiho.com/　info@minjiho.com